Hanspeter Ruch

Burnout

Aus der Erschöpfung
in die Kraft

via nova
Verlag Via Nova

© Hanspeter Ruch

2. Auflage 2011
Verlag Via Nova, Alte Landstr. 12, 36100 Petersberg
Telefon: (06 61) 6 29 73
Fax: (06 61) 96 79 560
E-Mail: info@verlag-vianova.de
Internet: www.verlag-vianova.de / www.transpersonale.de
Umschlaggestaltung: Guter Punkt, München
Satz: Sebastian Carl
Druck und Verarbeitung: Fuldaer Verlagsanstalt, 36037 Fulda

ISBN 978-3-86616-178-8

Hanspeter Ruch
Burnout

Verlag Via Nova

DANKSAGUNG

Mein Dank geht an alle jene Personen, die sich mir in der Psychotherapie anvertraut haben und die ich begleiten durfte. Ihre Offenheit und ihr Engagement waren wichtig für mich. Sie haben mir geholfen, mich für die Burnoutproblematik zu sensibilisieren. Dank ihnen war es mir möglich, die Ursachen und Hintergründe des Burnouts zu verstehen und Wege aufzuzeigen, die aus der Krise herausführen. Ein großes Dankeschön geht an Martin Gmür für das Durchlesen des Manuskripts und seine wertvollen Anregungen. Einmal mehr möchte ich mich bei Herrn Vogel vom Via Nova Verlag für die Unterstützung bedanken.

INHALT

1. EINLEITUNG

Die Zeit, in der wir leben, ist hektisch und kurzlebig. Ruhige oder beschauliche Momente gibt es kaum oder nur selten. Ständig wird etwas von uns gefordert. Im Beruf müssen wir an Teamsitzungen teilnehmen, Telefonate mit Kunden führen, Briefe an die Geschäftspartner verfassen, Protokolle schreiben und Lösungen für anstehende Probleme finden. Im Privatbereich gibt es ebenfalls viel zu tun. So müssen wir den Einkauf erledigen, uns um den Haushalt kümmern, uns Zeit für den Partner, die Partnerin nehmen, bei den Kindern nach dem Rechten schauen, familiäre Angelegenheiten regeln, E-Mails beantworten, die kommende Woche planen, Abmachungen mit Freunden treffen und am Ende des Monats offene Rechnungen begleichen.

Wenn wir mit beiden Beinen fest auf dem Boden stehen und innerlich über viel Raum verfügen, geht es uns gut. Wir haben Kraft, und die Energien fließen. Wir besitzen ein gesundes Selbstvertrauen und sind voller Lebensfreude. Psychisch sind wir stabil, emotional ausgeglichen und geistig klar. Unsere Einstellung dem Leben gegenüber ist positiv. Wir blicken zuversichtlich in die Zukunft. Den Mitmenschen begegnen wir wohlwollend und freundlich. Wir nehmen Anteil an deren Schicksal und sind interessiert am Weltgeschehen. Obwohl es viel zu tun gibt und wir Stress erleben, gelingt es uns, die Ruhe zu bewahren und den Alltag zu bewältigen.

Schneller, als uns lieb ist, kann sich unsere Situation ändern. Die beruflichen Herausforderungen und privaten Verpflichtungen zehren an der Substanz und lassen den Stress anwachsen. Die Unbeschwertheit und Lebensfreude nehmen ab. Der Alltag wird schwer. Aufgaben, die wir früher nebenbei erledigt haben, strengen uns an. Der Zeitdruck, die vielen Verpflichtungen und die Hektik machen uns immer mehr zu schaffen. Kaum spürbar schwinden die Kräfte und werden die Energiereserven aufgezehrt. Dauert dieser Zustand an, beginnen wir den Halt im Leben zu verlieren und fallen aus dem inneren Gleichgewicht. Wenn es uns nicht gelingt, uns zu erholen und wieder zu Kräften zu kommen, kann sich ein Teufelskreis entwickeln, der uns in die Tiefe zieht und in die Krise führt.

Krisen sind unangenehme, aufreibende und auch bedrohliche Zustände. Krisen lösen Spannungen und Ängste aus und bringen das Leben durcheinander. In Krisen wird uns auch bewusst, wie kostbar unsere Gesundheit ist und wie wenig es braucht, bis diese in Mitleidenschaft gezogen wird. Doch Krisen haben auch etwas Positives. Dadurch, dass wir nicht wie gewohnt weiterleben können, fordern sie uns heraus, innezuhalten und unsere Lebensweise zu überdenken. Anspruchsvoll bei der Krisenbewältigung ist, dass wir das Alte und Vertraute, das uns in der Vergangenheit Sicherheit und Schutz geboten hat, loslassen und wir uns dem Unbekannten und der Ungewissheit öffnen müssen.

Eine Krise, unter der immer mehr Menschen zu leiden haben, ist das Ausbrennen. Burnout, wie das Ausbrennen auch genannt wird, ist heute in aller Leute Munde, nicht zuletzt wegen prominenter Betroffener wie des ehemaligen Schweizer FDP-Präsidenten Rolf Schweiger oder des mehrfachen deutschen Weltmeisters im Skispringen, Sven Hannawald. Was aber genau versteht man unter dem Begriff Burnout, und was kennzeichnet dieses Phänomen? Burnout ist ein sozialpsychologischer und kein klinischer Begriff. Klinische Begriffe wie Depression suchen den Ursprung einer Störung in der Person und ihrer Vorgeschichte. Burnout beginnt als ein energetisches Problem, das zu einem psychischen werden kann.

Burnout ist das Resultat chronischer Überlastung im Zusammenhang mit langfristigem, intensivem Einsatz. Beim Burnout erreicht der Kräfte- und Energieverlust ein solches Ausmaß, dass das Lebensgefüge einstürzt. Vom Burnout betroffen sind vor allem Personen im Alter zwischen vierzig und fünfzig Jahren. Weshalb es besonders viele Menschen in dieser Altersgruppe trifft, hat damit zu tun, dass in dieser Lebensphase der energetische Zenit erreicht wird. Während die Kräfte langsam zurückgehen, sind die beruflichen und privaten Anforderungen weiterhin hoch. Dabei öffnet sich eine Schere zwischen dem Kräfteaufwand und dem Kräfterückgang. Dies hat zur Folge, dass es schwieriger wird, den Alltag zu bewältigen.

Die Auswirkungen eines Burnouts sind tiefgreifend. Zu den klassischen Symptomen gehören Energielosigkeit, Erschöpfung, Ruhelosigkeit, Gereiztheit, Zynismus, Ängste, Schlafprobleme, Konzentrationsstörungen, Verdauungsschwierigkeiten, somatische Beschwerden und das durchdringende Gefühl, mit den Kräften am Ende zu sein. Ein Burnout kann alle Menschen treffen, nicht nur solche, die beruflich unter hohem Druck stehen. Klassische Anzeichen des ausgebrannten Zustandes sind Fehlen am Arbeitsplatz, Unpünktlichkeit, negative Einstellung dem Beruf gegenüber, häufiger Stellenwechsel, schwindende Anteilnahme und reduziertes Einfühlungsvermögen.

Ein Burnout kommt nicht über Nacht, sondern entwickelt sich schleichend. Lange vor dem Ausgebranntsein sendet der Körper warnende Signale aus und gibt es Anzeichen, die darauf hindeuten, dass man überlastet ist. So fühlt man sich körperlich unwohl und ist emotional unausgeglichen. Man hat Mühe, abzuschalten und den Alltagsstress loszulassen. Motivationsprobleme und Konzentrationsschwierigkeiten treten auf. Schweißausbrüche, Kopfschmerzen, Nackenspannungen, Magenbeschwerden, aber auch Rückenprobleme werden oft erlebt. Obwohl man spürt, dass etwas nicht in Ordnung ist, versucht man durchzuhalten und wie gewohnt weiterzumachen. Das Aufrechterhalten dieses Zustandes geht so lange gut, bis alle Kräfte erschöpft und die Energiereserven aufgezehrt sind. Dann geht alles meistens sehr schnell. Einem Kartenhaus gleich bricht das Lebensgefüge zusammen und man steht vor dem Nichts.

Was das Bewältigen eines Burnouts schwierig macht, ist, dass man erschöpft und entkräftet und ohne Halt im Leben ist. Auf den inneren Lebensraum, der einem Schutz und Sicherheit geboten hat, kann man sich nicht mehr beziehen. Dieser ist auseinandergebrochen. Unfähig zu fassen, was mit dem eigenen Leben geschehen ist, fühlt man sich tief verunsichert und weiß nicht mehr, wie es weitergehen soll. Häufig tauchen alte Verletzungen und unbewältigte Probleme auf, die nie aufgelöst wurden. Auch spielen prägende Grundmuster, wie „Ich muss alles geben, dann werde ich es schaffen", beim Entstehen eines Burnouts eine

Rolle. Um das, was mit einem passiert ist, zu verstehen, den Zusammenbruch zu verarbeiten und ins Leben zurückzufinden, ist psychotherapeutische Unterstützung eine große Hilfe.

Eine weitere Schwierigkeit, mit der viele Burnoutbetroffene zu kämpfen haben, ist, dass ihr Leiden für Außenstehende nur schwer nachvollziehbar ist. Dies erklärt auch, weshalb sich Burnoutbetroffene häufig unverstanden und in ihrer Not nicht wahrgenommen fühlen. Haben wir einen gebrochenen Arm, der von einem Gips umgeben und von einer Schlinge gestützt wird, werden wir nach den Hintergründen gefragt und erfahren Anteilnahme und Mitgefühl. Ein Burnout ist von außen nur schwer erkennbar. Da es wenig Anzeichen gibt, die darauf hindeuten, dass wir erschöpft sind und den Alltag kaum bewältigen können, kommt uns nur wenig Verständnis oder Anteilnahme entgegen.

Aus Schamgefühlen, aus Angst, als Versager angesehen zu werden, und aus Angst, den Job zu verlieren, reißen sich Burnoutbetroffene häufig zusammen und versuchen möglichst schnell wieder in den Arbeitsalltag zurückzukehren. Dieses Verhaltensmuster birgt eine große Gefahr in sich. Ist das Burnout nicht vollständig aufgelöst und sind die Kräfte und Energien nicht vollständig zurückgekehrt, ist nicht nur der nächste Absturz vorprogrammiert, sondern sind auch die Auswirkungen eines erneuten Zusammenbruches gravierender und die Folgen einschneidender.

Als Psychologe und Psychotherapeut mit über zwanzig Jahren Berufserfahrung bin ich vor fünfzehn Jahren erstmals auf das Burnout gestoßen. Das, was Burnoutbetroffene mir damals berichtet haben, machte mich betroffen und hellhörig. Um die Ursachen und Hintergründe, die in die Erschöpfung führen, zu verstehen und Wege aufzuzeigen, wie die Krise aufgelöst werden kann, begann ich mich mit diesem Thema zu befassen. Dabei wurde mir klar, dass das Bewältigen eines Burnouts ein komplexer Prozess ist, der Zeit und Geduld, aber auch eine Haltungsänderung erfordert. Strategien und Techniken, die darauf abzielen, möglichst schnell wieder fit zu werden und optimal zu funktionieren, nützen wenig.

Obwohl nicht immer einfach zu bewältigen, stellt das Burnout auch eine große Chance dar. Mit der Krise konfrontiert, wird einem bewusst, wie schnell man den Halt im Leben verlieren kann, und wie wenig es braucht, dass die Gesundheit in Mitleidenschaft gezogen wird. Vom Erlebten wachgerüttelt, beginnt man den Blickwinkel zu verschieben und das Leben mit anderen Augen zu betrachten. Dabei setzt ein innerer Wandel ein, der zu einem Umdenken und einer Neuausrichtung führt. Eine wichtige Rolle in der Bewältigung des Burnouts spielt die Haltungsänderung. Diese hat weitreichende positive Auswirkungen. Sie führt dazu, dass es einem leichter fällt, loszulassen und die Krise anzunehmen. Sie ermöglicht einem, den Zusammenbruch des Lebensgefüges besser zu bewältigen und sich wieder sicher im Leben zu verankern. Und nicht zuletzt unterstützt sie die Gesundheit und bewahrt einen davor, in Zukunft erneut in eine Krise zu geraten und seelisch abzustürzen.

Um den Lesern das Burnout näherzubringen und aufzuzeigen, wie Betroffene mit der Krise umgegangen sind, sind Fallgeschichten beigefügt. Im Buch finden sich auch einfach anwendbare Übungen. Diese helfen, das Loslassen und Entspannen zu üben, Standfestigkeit zu entwickeln, den inneren Raum offenzuhalten, Stress abzubauen, Energie zu tanken und die Ressourcen zu fördern. Am Ende des Buches sind eine Checkliste der Burnout-Anzeichen und der Antistress-Lebensplan angefügt. Die Checkliste ist als Orientierungshilfe gedacht. Der Antistress-Lebensplan ist ein praktisches Instrument, das dazu dient, bei Kräften zu bleiben, den Alltag besser zu bewältigen und auf die Gesundheit zu achten.

2. SICHERE VERANKERUNG, GRENZENLOSE WEITE

Wenn wir mit beiden Beinen fest auf dem Boden stehen und innerlich über viel Raum verfügen, geht es uns gut. Psychisch sind wir stabil, emotional ausgeglichen und geistig klar. Wir ruhen in uns selber und sind entspannt. Die Lebensenergien fließen ungehindert und wir haben viel Kraft. Wir besitzen ein starkes Selbstvertrauen und erfahren Freude und Zufriedenheit im Alltag. Unsere Einstellung dem Leben gegenüber ist positiv. Wir schauen voller Zuversicht in die Zukunft. Den Mitmenschen sind wir wohlwollend und freundlich gesinnt. Der Welt begegnen wir offen und interessiert. Was um uns herum geschieht, lässt uns weder kalt noch gleichgültig. Wir nehmen Anteil am Schicksal der uns nahestehenden Personen und sind bemüht, weder uns selber noch anderen zu schaden. Im Wissen um die große Bedeutung der eigenen Gesundheit achten wir auf eine ausgewogene Ernährung. Wir nehmen uns regelmäßig Zeit, um uns zu bewegen, und gönnen uns auch die wohlverdienten Ruhepausen.

Störungen, Probleme, Stress, Spannungen

Störungen und Probleme sind zwar hinderlich und unangenehm, besonders dann, wenn sie Befürchtungen auslösen und Ängste wecken. Doch wie die Wellen zum Meer gehören auch sie zum Leben. Wenn wir wissen, wie wir mit Störungen und Problemen umzugehen haben, brauchen wir deren Auftauchen nicht zu fürchten. Werden wir mit Störungen oder Problemen konfrontiert, ist es wichtig, dass wir gelassen reagieren und geschickt handeln. Statt gegen die Störungen anzukämpfen und Problemen auszuweichen, bewahren wir einen kühlen Kopf und unterlassen es, uns emotional zu verstricken. Wenn wir uns in dieser Weise verhalten, hat dies positive Auswirkungen. Zum einen stärkt dies das Selbstvertrauen und lässt die Kräfte und Energien anwachsen. Zum anderen vertieft sich mit jeder Störung, die wir annehmen, der Halt im Leben, und mit jedem Problem, das wir auflösen, nimmt unser Geschick im Umgang mit alltäglichen Schwierigkeiten zu.

Während des Tages erleben wir nicht nur Störungen und Probleme, sondern auch Stress und körperliche Spannungen. Manchmal nimmt der Stress überhand und macht uns zu schaffen. Dies ist dann der Fall, wenn wir im Druck sind, wenig Zeit haben und alles schnell gehen muss. Es ist wichtig, dass wir wissen, wie wir uns in solchen Situationen zu verhalten haben. Wenn wir einen langen Tag mit vielen Terminen und endlosen Sitzungen gehabt haben, uns körperlich müde und geistig erschöpft fühlen, legen wir eine Pause ein. Wir nehmen uns bewusst Zeit, um abzuschalten, den Alltagsstress loszulassen und Energie zu tanken. In gleicher Weise gehen wir mit körperlichen Spannungen um. Wenn sich körperliche Spannungen bemerkbar machen, unterlassen wir es, diese zu bekämpfen oder zu unterdrücken. Vielmehr nehmen wir uns erneut Zeit, entspannen uns und versuchen das Festhalten loszulassen. Je vertrauter wir im Umgang mit dem Abbau von Stress und dem Auflösen von Spannungen werden, desto leichter fällt es uns, den inneren Lebensraum offen und weit zu halten und ruhig und entspannt durch den Alltag zu gehen.

Gedanken und Gefühle

Gedanken und Gefühle spielen eine zentrale Rolle in unserem Leben. Sie begleiten uns auf Schritt und Tritt und nehmen viel Platz im Alltag ein. Gedanken und Gefühle haben einen großen Einfluss darauf, wie wir auf Stress reagieren, wie wir mit Schwierigkeiten umgehen, was wir von den Mitmenschen halten und was wir von der Welt erwarten. Damit es uns gut geht, ist es wichtig, dass wir wissen, wie wir mit Gedanken und Gefühlen umzugehen haben. Denn genauso, wie berufliche Verpflichtungen, familiäre Aufgaben, täglicher Stress und der ständige Zeitdruck uns ermüden, können uns auch die Gedanken und Gefühle zu schaffen machen. Dass dem so ist, bekommen wir dann zu spüren, wenn wir im Bett liegen, es in unserem Kopf dreht, wir viele Gedanken haben und starke Gefühle erleben. Dann kann sich eine große Spannung aufbauen, die uns daran hindert, zur Ruhe zu kommen und einzuschlafen.

Wenn wir offen und entspannt sind, haben wir angenehme Gedanken, wie „Es ist schön, auf der Welt zu sein", „Ich bin ein glücklicher Mensch" oder „Das Leben ist eine reine Freude".

Wir haben auch viele neutrale Gedanken, nehmen diese jedoch meistens gar nicht wahr. Neutrale Gedanken sind: „Ich muss einkaufen gehen", „Ich weiß nicht, ob ich Pizza oder Spaghetti essen soll" oder „Heute Abend schaue ich mir den Liebesfilm im Fernsehen an". Wenn wir unter Druck stehen und uns angespannt fühlen, nehmen die Gedanken zu und werden schnell negativ. Gedanken, die uns dann durch den Kopf gehen, sind: „Das Leben ist anstrengend", „Ich schaffe den Alltag nicht mehr" oder „Es hat alles keinen Sinn". Den negativen Gedanken hängt etwas Schweres und Dunkles an. Negative Gedanken können uns verunsichern und zu einer Belastung werden. Dies geschieht dann, wenn wir innerlich eng sind, nicht abschalten können und die negativen Gedanken kein Ende nehmen. Wenn wir wissen, wie wir loslassen und aus dem geistigen Karussell aussteigen können, brauchen wir uns vor negativen Gedanken nicht zu fürchten.

Zusätzlich zu den Gedanken, die uns durch den Kopf gehen, haben wir auch Gefühle. Gefühle sind Energien in Bewegung und werden im Körper erfahren. Das Spektrum der Gefühle ist groß. Es reicht von Liebe, Glück und Freude bis hin zu Wut, Trauer, Hilflosigkeit, Verzweiflung und Schmerz. Meistens haben wir angenehme Gefühle. Die angenehmen Gefühle schaffen eine entspannte Atmosphäre. Sie lassen die Lebensenergien anwachsen. Die Gefühle, die wir während des Tages erleben, sind nicht immer gleich. Manchmal sind sie schwach und fein, so dass wir sie kaum wahrnehmen. Dann wieder sind sie unklar und diffus. Oft können wir nicht genau sagen, wie es uns geht und welches Gefühl im Vordergrund steht. In wieder anderen Situationen, ganz besonders, wenn wir angespannt sind oder uns verletzt fühlen, erfahren wir starke negative Gefühle.

Zwischen den Gedanken, die uns durch den Kopf gehen, und den Gefühlen, die wir im Körper erfahren, besteht ein enges Zusammenspiel. Positive Gedanken lösen angenehme Gefühle aus, während negative Gedanken unangenehme Gefühle wecken. Haben wir viele negative Gedanken und viele unangenehme Gefühle, führt dies im Körper zu Spannungen. Die Spannungen lassen die unangenehmen Gefühle und negativen Gedanken anwachsen. Wenn es uns nicht gelingt, loszulassen und zu entspannen, hat dies einschneidende Auswirkungen. Körperlich werden wir eng, emotional unsicher und geistig verwirrt. Der Fluss der Energien wird behindert. Ängste machen sich breit. Eine sich immer schneller drehende negative Spirale kommt in Gang, die uns in den seelischen Abgrund zu ziehen droht. Um bei Kräften zu bleiben und die Verankerung im Leben nicht zu verlieren, ist es wichtig, dass wir uns mit den Gedanken und Gefühlen vertraut machen und lernen, geschickt mit diesen umzugehen.

Übungen: *Werkzeuge für den Alltag*

Damit wir den Alltag bewältigen und für die Gesundheit sorgen können, sind wir auf Werkzeuge angewiesen, die uns helfen, Stress abzubauen, die Verankerung im Leben zu festigen, bei Kräften zu bleiben, den inneren Raum offen zu halten und geschickt mit Gedanken und Gefühlen umzugehen.

Nachstehend folgen einige einfache, aber wirkungsvolle Übungen. Damit wir einen möglichst großen Nutzen aus diesen ziehen können, sollten wir uns regelmäßig Zeit nehmen und diese Werkzeuge in den Alltag integrieren. So können wir beispielsweise vor dem Einschlafen am Abend im Bett, nach dem Aufwachen am Morgen auf einem bequemen Stuhl, bei der Fahrt zur Arbeit im Zug, während einer Sitzung im Büro, beim Warten in der Schlange vor der Kasse im Einkaufszentrum oder abends zu Hause beim Ausruhen auf dem Sofa uns Zeit nehmen und die Übungen durchführen. Ein entspannter, spielerischer Umgang ist wichtig. Nicht nur fällt es uns leichter, uns auf die Übungen einzulassen und mit deren Inhalt vertraut zu werden, sondern wir können auch die positive Wirkung besser nutzen, die von den Übungen ausgeht. Obwohl manche zu Beginn vielleicht Schwierigkeiten haben, ist es wichtig, dran zu bleiben. Ein klein wenig Übung macht den Meister – bestimmt!

Entspannung und Loslassen

Setze dich auf einen Stuhl oder mache es dir auf einer festen Unterlage bequem. Danach atme einige Male ganz bewusst ein und aus. Atme auch in den Körper hinein, um so die Muskeln zu lockern, Spannungen aufzulösen und Stress abzubauen. Komme immer wieder zum Atem zurück und spüre das sanfte Ein- und Ausströmen des Atems. Was immer du erfährst, wahrnimmst und empfindest: Lasse geschehen, was geschehen will! Unterlasse es, zu bewerten, zu urteilen und einzugreifen. Beobachte einfach, was geschieht, und komme immer wieder zum Atem zurück. Spüre, wie es sich anfühlt, wenn du loslässt und entspannt bist, es nichts zu tun gibt und du den Augenblick genießt. Wenn du die Übung abgeschlossen hast, versuche den entspannten, offenen Zustand mit in den Alltag zu nehmen und dich bei der Arbeit, zu Hause und in der Freizeit an diesen zu erinnern. Dies ist wichtig!

Standfestigkeit

Setze dich erneut auf einen Stuhl oder mache es dir auf einer passenden Unterlage bequem. Danach entspanne, wie oben beschrieben. Hast du dies getan, visualisiere dich als mächtigen Baum, mit einer prächtigen Krone und dicken Wurzeln, die tief ins Erdreich hinabreichen. Oder, wenn dir das Bild mehr zusagt, sieh dich als stolzen Berg, dem weder Stürme noch Gewitter etwas anhaben können. Lasse dich ganz auf die Erfahrung ein. Spüre, wie es sich anfühlt, wenn die Standfestigkeit des Baumes oder Berges dich durchdringt und du zu einem Baum oder Berg wirst. Auch hier geht es darum, die in der Übung erfahrene Standfestigkeit in den Alltag mitzunehmen und sich während des Tages immer wieder an die Erfahrung des Berges oder Baumes zu erinnern.

Offener, weiter Raum

Setze dich auf einen Stuhl oder mache es dir auf einer festen Unterlage bequem. Danach entspanne, wie oben beschrieben. Hast du dies getan, stell dir vor, dass der Raum in dir und um dich herum offen und grenzenlos weit ist. Versuche ganz in die Erfahrung von Raum einzutauchen. Spüre, wie es ist, wenn es nichts als Raum gibt und du selber zum Raum wirst. Hast du die Übung beendet und ein Gespür für den offenen, weiten Raum erhalten, nimm auch diese Erfahrung in den Alltag mit. Versuche dich während des Tages immer wieder an die Offenheit und Weite des Raumes zu erinnern und dessen Qualität in dein Tun und Handeln einfließen zu lassen.

Kraft und Energie

Setze dich wieder auf einen Stuhl oder mache es dir auf einer passenden Unterlage bequem. Danach entspanne, wie oben beschrieben. Bist du offen und weit, wähle ein für dich geeignetes Symbol aus, das für dich Kraft repräsentiert. Während du an das Symbol denkst, spüre dessen Kraft und lasse diese durch dich strömen. Bleibe so lange bei der Übung, bis jede Zelle deines Körpers sich mit Kraft gefüllt hat und diese dein ganzes Sein erfasst. Hast du die Übung abgeschlossen, nimm das Symbol mit und erinnere dich während des Tages immer wieder an die Kraft. Indem du dies tust, wächst die Kraft kontinuierlich an und steht dir während des Tages zur Verfügung. Gehe in gleicher Weise wie oben beschrieben mit einem Symbol vor, das für Energie steht und dich dabei unterstützt, diese anwachsen zu lassen.

Gefühle und Gedanken

Setze dich erneut auf einen Stuhl oder mache es dir auf einer festen Unterlage bequem. Danach atme einige Male ganz bewusst ein und aus und entspanne, wie oben beschrieben. Hast du dies getan, mache dich mit den Gedanken und Gefühlen vertraut. Beobachte, welche Gedanken dir jetzt durch den Kopf gehen und welche Gefühle du im Körper wahrnimmst. Unterlasse es, einzugreifen, zu analysieren oder zu werten. Sei entspannt und lasse geschehen, was geschehen will. Hast du dir Klarheit über die Gedanken und Gefühle geschaffen, gehe einen Schritt weiter und ergründe das enge Zusammenspiel zwischen beiden. Um dies zu tun, kannst du dir zuerst eine friedliche

Situation ausdenken und beobachten, welche Gedanken und Gefühle auftauchen. Danach wähle eine für dich schwierige Situation aus. Beobachte erneut die Gedanken und Gefühle und untersuche, wie diese aufeinander einwirken. Wenn du erkannt hast, wie Gedanken und Gefühle zusammenspielen und welche Dynamik diese entwickeln können, entspanne dich und lasse alles los. Versuche das neugewonnene Wissen in den Alltag mitzunehmen und das Beobachten von Gedanken und Gefühlen zur täglichen Gewohnheit zu machen.

Wenn du mit den einzelnen Übungen vertraut geworden bist, kannst du diese zu einer einzigen zusammenfassen. Gehört das Üben wie das Zähneputzen zu deinem Alltag, tragen deine Bemühungen Früchte. Zu spüren bekommst du dies dadurch, dass es dir leichter fällt, zu entspannen und loszulassen, dass du besser mit Stress und geschickter mit negativen Gedanken und unangenehmen Gefühlen umgehen kannst, dass deine Kräfte und Energien anwachsen und du den Alltag besser bewältigst. Auch tritt ein innerer Wandel ein. Die Verankerung im Leben wird fester. Der Innenraum wird größer und weiter. Dein Dasein erfährt einen sanften Wandel hin in Richtung Klarheit, Ruhe, Offenheit und Transparenz.

3. KRISEN UND DEREN BEDEUTUNG

Krisen kommen immer überraschend und immer im falschen Augenblick. Krisen können an jedem Ort und zu jedem Zeitpunkt auftauchen. Krisen können uns in jeder Situation und jeder Lebensphase erfassen. Wir können als junge Menschen in eine Krise geraten und aus der Bahn geworfen werden. Wir können später im Leben auf Schwierigkeiten treffen, die uns daran hindern, den Alltag zu bewältigen. Krisen können sehr unterschiedlich beginnen, wobei weder deren Verlauf noch Länge vorausgesagt werden kann. Wir können langsam in eine Krise abrutschen, wie beim Burnout, wo die Kräfte langsam schwinden und die Energiereserven schleichend aufgezehrt werden. Wir können auch plötzlich und unsanft in eine Krise geworfen werden, wie bei einem Autounfall, einer schweren Erkrankung oder dem überraschenden Tod einer uns nahestehenden Person.

Krisen: Seelische Ausnahmezustände

Was aber genau sind Krisen? Krisen sind seelische Ausnahmezustände. Bei einer Krise werden bestehende Grenzen überschritten, und das Lebensgefüge gerät ins Wanken. Wenn die dabei erlebte existentielle Bedrohung groß ist, kann dies die persönliche Integrität derart erschüttern, dass die vertraute Welt aus den Angeln gehoben wird und es zu einem seelischen Absturz kommt. Typisch für Krisen ist, dass der Boden unter den Füßen einbricht und der Halt und die Orientierung im Leben verloren gehen. Der sicheren Verankerung beraubt und ohne schützenden Zufluchtsort, auf den wir uns beziehen können, fühlen wir uns tief verunsichert. Wir können nicht mehr klar denken und haben große Mühe, den Alltag zu bewältigen. Wir erleben Angst und existentielle Not.

Besonders unangenehm sind Krisen, die uns nicht zur Ruhe kommen lassen und deren Ende nicht absehbar ist. Mit solchen Situationen umzugehen, ist anspruchsvoll. Nicht nur halten sie uns in der Ungewissheit und Angst gefangen, sondern sie zehren auch an der Substanz und untergraben das Selbstvertrauen. Wenn die psychische Schwächung und existentielle Not aufgrund der erlebten Bedrohung ein solches Ausmaß erreichen, dass wir befürchten unterzugehen, kann die Krise zu einem Gang durch die Hölle werden.

Was aber geschieht während einer Krise? Der Körper reagiert damit, dass er sich reflexartig zusammenzieht. Dabei werden die Energien aus den Extremitäten ins Körperinnere zurückgezogen, um so die drohende Gefahr abzuwenden und die lebenswichtigen Organe zu schützen. Wenn die Gefahr vorüber ist und die Krise sich aufgelöst hat, tritt eine Entwarnung ein. Die Anspannung fällt ab und der innere Lebensraum öffnet sich. Wir dehnen uns innerlich wieder aus und werden weit. Die Energien strömen in die Extremitäten zurück und alles funktioniert wieder ganz normal. Dieser Prozess geschieht ganz automatisch, ohne unser Zutun.

Der Unterschied zwischen einer bedrohlichen Situation und einer Krise ist der, dass es bei einer Krise nicht zu einer Entwarnung und auch nicht zu einer Entspannung kommt. Da dieser Zustand Gefahr bedeutet, tauchen immer neue Befürchtungen und neue negative Gedanken auf, die nur schwer zu kontrollieren sind. Im Körper löst dies unangenehme Gefühle aus, allen voran Ängste, und Spannungen machen sich breit. Die Ängste und körperlichen Spannungen bewirken, dass der innere Lebensraum klein und eng bleibt, die Energien nicht frei fließen können und der Bedrohungszustand fortbesteht.

Krisen hinterlassen Spuren und beeinflussen den Gesundheitszustand. Es ist uns nicht wohl in unserer Haut. Wir sind angespannt, unruhig und unkonzentriert. Wir haben Mühe abzuschalten und können uns trotz viel Schlaf nicht richtig erholen. Wir leiden unter Symptomen wie Kopfschmerzen, Nackenverspannungen oder Schweißausbrüchen. Wir ermüden leicht und fühlen uns schnell überfordert. Kaum haben wir eine Aufgabe in Angriff genommen, sind wir außer Atem und müssen eine Pause einlegen. Je länger die Krise dauert, desto mehr gehen der Halt und das Vertrauen ins Leben verloren. Wenn es uns nicht gelingt, die Krise aufzulösen, werden wir nicht nur schwächer, sondern wir drohen in den seelischen Abgrund zu stürzen.

Krisen haben auch etwas Positives. Als einschneidende Ereignisse, die alles in Frage stellen, werfen sie uns auf uns selber zurück. Da wir nicht wie gewohnt weiterleben können, sind wir gezwungen, innezuhalten und uns mit uns selber zu befassen. Häufig begegnen wir dabei auch unseren Schattenseiten und werden mit unseren Grundmustern konfrontiert. Krisen haben eine weitere wichtige Funktion. Sie erinnern uns daran, dass wir nichts festhalten können und sich alles auf der Welt, wir eingeschlossen, in einem permanenten Zustand der Veränderung und des Wandels befindet. Obwohl Krisen oft schwere Prüfungen sind, sind sie auch große Chancen. Sie bieten uns die Möglichkeit, mit dem Leben ins Reine zu kommen, alten Ballast loszulassen, uns mit der Frage nach dem Sinn des Daseins zu befassen, die Prioritäten neu zu setzen und die Haltung dem Leben gegenüber zu ändern.

Krisen bewältigen

Die Bewältigung einer Krise stellt einen anspruchsvollen Prozess dar. Auf das Bekannte und Vertraute können wir uns nicht mehr abstützen. Es vermag uns nicht mehr zu tragen oder ist zusammengebrochen. Ohne festen Boden und ohne inneren Zufluchtsort gibt es kaum Stabilität, geschweige denn Schutz. Wenn wir glauben, endlich wieder Halt zu haben und in Sicherheit zu sein, wankt es wieder bedrohlich. Wir werden von unangenehmen Gefühlen überwältigt und haben uns mit negativen Gedanken herumzuschlagen. Wir erleben fremdartige Empfindungen und befürchten, in ein Loch zu fallen.

Verständlicherweise brauchen wir Zeit und Geduld, um die ungemütliche Lage, in der wir uns befinden, anzunehmen und den Wiederaufbau des Lebensgefüges, das uns nicht mehr trägt oder auseinandergebrochen ist, in Angriff zu nehmen. Um die Krise zu bewältigen, müssen wir behutsam vorgehen und dürfen nichts forcieren. Dies ist sehr wichtig. Wenn wir ungeduldig sind, falsche Vorstellungen haben oder uns mit unrealistischen Erwartungen unter Druck setzen, laufen wir Gefahr, uns unnötig zu verausgaben. Der Heilungsprozess wird behindert, wir haben Schwierigkeiten, die Kräfte und Energien aufzubauen und sicher ins Leben zurückzufinden.

Eine zentrale Rolle bei der Krisenbewältigung kommt der persönlichen Sicht- und Umgangsweise zu. Wie wir die Krise betrachten und wie wir an diese herangehen, entscheidet maßgeblich darüber, was wir erfahren und wie wir mit der Situation umgehen. Wenn wir die Krise als persönliche Niederlage betrachten, wird sie zur persönlichen Niederlage. Wenn wir glauben, versagt zu haben, versagen wir immer wieder von neuem. Wenn wir uns als Opfer sehen, schwächen wir uns selber und werden zum Opfer. Indem wir die Sicht- und Umgangsweise ändern und die Krise als Chance betrachten, wird sie zur Chance. Statt gegen das uns widerfahrene Ungemach anzukämpfen, in die Opferrolle zu fallen und im Leiden stecken zu bleiben, machen wir uns mutig daran, uns aus der Krise zu befreien. Obwohl wir immer wieder straucheln, mit Ängsten konfrontiert werden und Selbstzweifel haben, gehen wir den eingeschlagenen Weg weiter, bis wir die Krise bewältigt haben und wieder fest mit beiden Beinen auf dem Boden stehen.

Um eine Krise ganz aufzulösen, ist professionelle Unterstützung eine große Hilfe. Wenn wir auf einfühlsame und kompetente Weise begleitet werden, fühlen wir uns in dieser schwierigen Zeit, wo wir leicht den Mut und die Hoffnung verlieren, getragen und sind gut aufgehoben. Mit einem Gegenüber zur Seite, der oder die weiß, wie es uns geht und wo wir im Augenblick stehen, fällt es uns leichter, loszulassen und den Wiederaufbau in Angriff zu nehmen. Professionelle Unterstützung bewahrt uns auch davor, auf Abwege zu geraten und uns endlos im

Kreise zu drehen. Und nicht zuletzt bietet uns professionelle Unterstützung die Möglichkeit, uns Werkzeuge anzueignen, die uns helfen, Stress abzubauen, bei Kräften zu bleiben, Schwierigkeiten aufzulösen und für die Gesundheit zu sorgen.

Denkanstöße:

- Welches war deine letzte große Krise?
- Gab es einen bestimmten Auslöser?
- Wie ist die Krise verlaufen und was hat diese ausgezeichnet?
- Was war besonders schwierig?
- Wie bist du mit der Krisensituation umgegangen?
- Was hast du daraus gelernt?
- Gab es für dich auch etwas Positives?
- Wenn ja, was?
- Hat sich für dich seit diesem Erlebnis etwas geändert?
- Wenn ja, was?

Es ist von Vorteil, sich genügend Zeit für die einzelnen Fragen zu nehmen und die Antworten aufzuschreiben. Dies schafft Klarheit bezüglich der eigenen Lebenssituation, hilft die tiefere Bedeutung von Krisen besser zu verstehen und trägt maßgeblich zur Änderung der persönlichen Sicht- und Umgangsweise bei.

Verletzungen, Konflikte, Grundmuster

Während der Bewältigung einer Krise können wir mit alten Verletzungen und unbewältigten Vorkommnissen konfrontiert werden, die wir ausgeblendet und verdrängt haben. Da diese eine

Hypothek darstellen und Kraft und Energie kosten, sollten wir alles unternehmen, um Verletzungen zu heilen und Unbewältigtes aufzulösen. Auch können in dieser Phase, wo wir dabei sind, mit dem Leben ins Reine zu kommen, persönliche Grundmuster auftauchen, die mit zum Entstehen der Krise beigetragen haben. Grundmuster sind tiefsitzende Überzeugungen, die sich im Laufe des Lebens entwickelt haben und die unser Fühlen, Denken und Handeln prägen. Weit verbreitete Grundmuster sind: „Ich muss stark sein, dann werde ich es schaffen", „Nur Leistung bringt mich weiter", „Das Einzige, was im Leben zählt, ist Erfolg" oder „Wenn ich mich aufopfere, werde ich geliebt werden".

Um die Krise vollständig aufzulösen und uns davor zu bewahren, in Zukunft erneut aus der Bahn geworfen zu werden oder seelisch abzustürzen, ist es wichtig, dass wir alte Verletzungen heilen, unbewältigte Vorkommnisse klären und uns von belastenden Grundmustern befreien.

Alte Verletzungen heilen

- Gibt es in deinem Leben Vorkommnisse oder Situationen, die dich verletzt haben und die du ausblendest?
- Wenn ja, welches sind diese?
- Halte nicht länger an den Verletzungen fest. Entscheide dich hier und jetzt, dich von diesen zu befreien.
- Um die Verletzungen aufzulösen, gehe wie folgt vor:
  - Entspanne dich zuerst, wie im vorangegangenen Kapitel beschrieben.
  - Wenn du dies getan hast, wähle eine bestimmte Verletzung aus. Taste dich behutsam an die Erfahrung der

Verletzung heran und beobachte, was dabei geschieht. Unterlasse es einzugreifen, zu urteilen und zu bewerten.

- Wenn du dich mit der Verletzung vertraut gemacht hast, lasse los und entspanne dich erneut.
- Führe diese Übung so lange durch, bis du die Verletzung vollständig annehmen kannst und du nicht mehr unter deren Einfluss stehst.
- Fahre mit der Übung weiter, bis alle Verletzungen geheilt sind.

Konflikte auflösen

- Gibt es Konflikte, die dich belasten und die du nicht loslassen kannst?
- Wenn ja, welches sind diese?
- Entscheide dich hier und jetzt, diese aufzulösen.
- Überlege dir, was du tun musst, um von diesen frei zu werden.
- Wenn es Konflikte mit den Eltern sind, gehe zu diesen und sprich mit ihnen. Wenn du Beziehungsprobleme hast, setze dich mit deinem Partner, deiner Partnerin hin und bereinige diese. Wenn es berufliche Schwierigkeiten gibt, verschaffe dir Klarheit darüber, was du unternehmen kannst, um diese anzugehen und aufzulösen.
- Gehe entspannt und mit einer humorvollen Haltung an die unbewältigten Vorkommnisse heran. Es wird dir auf diese Weise leichter fallen, diese aufzulösen.

- Gibt es bestimmte Grundmuster, die dich immer wieder in Schwierigkeiten bringen?
- Wenn ja, welche sind diese?
- Entscheide dich hier und jetzt, diese aufzudecken und dich von diesen zu befreien.
- Ergründe, welche Muster dafür verantwortlich sind, dass du im Alltag in Schwierigkeiten gerätst. Schreibe diese auf.
- Komme so lange zu dieser Übung zurück, bis du deine Grundmuster erkannt und vollständig aufgedeckt hast.
- Als Nächstes entscheide dich, die Grundmuster im Alltag nicht mehr zu benutzen. Wenn du die Grundmuster nicht mehr verwendest, verlieren sie an Einfluss und werden immer schwächer.

Es ist ratsam, sich immer wieder Zeit zu nehmen und sich mit den oben beschriebenen Punkten zu befassen. Wenn wir alte Verletzungen heilen, Konflikte auflösen und uns aus den Fesseln der belastenden Grundmuster befreien, können wir bei Kräften bleiben, den Innenraum offen halten und die alltäglichen Herausforderungen gut bewältigen.

4. ERSCHÖPFUNG –
KRISE UNSERER ZEIT

Herrn Hofers Geschichte

Herr Hofer ist verheiratet und hat drei Söhne. Als ausgebildeter Lehrer ist er seit über zwanzig Jahren auf der Oberstufe tätig. Herr Hofer ist ein engagierter und begabter Lehrer. Er hat klare Vorstellungen, was seinen Beruf betrifft, und er nimmt diesen ernst. Herr Hofer ist gerne mit seinen Schülern zusammen und hat Freude an seiner abwechslungsreichen Tätigkeit. Am Wohle seiner Schüler interessiert, nimmt er sich regelmäßig Zeit, um für sie da zu sein und mit ihnen über ihre Sorgen und Schwierigkeiten zu sprechen. Seine Berufskollegen schätzen ihn als freundlichen und weltoffenen Menschen. Im Kollegium herrscht ein entspanntes Klima. Wenn Herr Hofer eine Frage hat oder er in einer bestimmten Angelegenheit Unterstützung braucht, kann er stets auf seine Kollegen zählen.

Obwohl es in seinem Leben rund lief und er den Schulstress gut bewältigte, begann sich Herr Hofer nach den Frühlingsferien, die er mit seiner Frau mit Wandern in den Bergen verbrachte, unwohl zu fühlen. Auslöser für sein Unwohlsein waren hartnäckige Rückenschmerzen. Da diese entgegen seinen Erwartungen nicht zurückgingen und ihn in seiner Bewegungsfreiheit einschränkten, kontaktierte er seinen Hausarzt. Dieser unter-

suchte ihn eingehend und wies ihn an einen Physiotherapeuten weiter. Die physiotherapeutische Behandlung tat Herrn Hofer gut. Unterstützt durch die Übungen, die er gezeigt bekam und die er zu Hause ausführte, gelang es Herrn Hofer, die Muskeln zu stärken und den Rücken zu entspannen.

Zwei Wochen nach Beginn der Physiotherapie ging es Herrn Hofer besser. Die körperlichen Beschwerden waren beinahe ganz verschwunden und er konnte sich wieder schmerzfrei bewegen. Das Unwohlsein jedoch blieb bestehen. Obwohl sein Zustand ihn verunsicherte, versuchte Herr Hofer das Unwohlsein zu ignorieren und wie gewohnt weiterzuleben. Dies ging so lange gut, bis sich in seinem Magen eine Spannung ausbreitete, die er nicht mehr loswurde. Herr Hofer fühlte sich unruhig und angespannt. Er hatte Mühe, abzuschalten und sich vom Alltagsstress zu erholen. Nachts wachte er häufig auf. Unruhig wälzte er sich im Bett hin und her. In seinem Kopf drehte es. Herr Hofer, der nie Probleme mit dem Schlaf gehabt hatte, lag nächtelange wach und konnte oft nicht mehr einschlafen. Auch kam es vor, dass er von Albträumen aufgeschreckt wurde und danach längere Zeit brauchte, um sich wieder zu fassen.

Da ihm der erholsame Schlaf fehlte, fühlt sich Herr Hofer morgens müde und hatte Schwierigkeiten, den Alltag in Angriff zu nehmen. Der Schulalltag, den er früher gut bewältigt hatte, begann ihn zu belasten. Das Zusammensein mit den Schülern wurde anstrengend. Tief verunsichert und in Sorge um seine Gesundheit, kontaktierte Herr Hofer seinen Hausarzt erneut. In einem längeren Gespräch, in dem sie seine Lebenssituation durchleuchteten, wurde klar, dass Herr Hofer unter einer Erschöpfung litt. Viele Symptome, die er schon längere Zeit hatte, wie eine durchdringende Müdigkeit, Energiemangel, Konzentrationsstörungen, Probleme mit der Verdauung, wiederkehrende Kopfschmerzen, Schweißausbrüche, Schlafschwierigkeiten und Stimmungsschwankungen, waren Anzeichen, die auf ein Burnout hindeuteten. Um Herrn Hofer die Möglichkeit zu geben, sich zu schonen und sich von der Krise zu erholen, schrieb der Hausarzt ihn für einen Monat krank.

Als die Kollegen erfuhren, dass Herr Hofer aufgrund eines Erschöpfungszustandes beruflich pausieren musste, waren sie betroffen und überrascht zugleich. Auf sie wirkte er psychisch stets stabil und emotional ausgeglichen. Er gehörte zu den Personen, die mit beiden Beinen fest auf dem Boden standen. Traten Schwierigkeiten auf, reagierte er besonnen und wusste sich selber zu helfen. Weder ließ er sich von Gefühlen leiten, noch verlor er die Selbstbeherrschung. Seine Kollegen hörten ihn weder über die Schule oder die Schüler klagen, noch schien er mit seiner Arbeit unzufrieden oder vom Schulalltag überfordert zu sein. Für sie gab es keine Anzeichen, die darauf hingedeutet hätten, dass er sich unwohl fühlte und dabei war auszubrennen.

Anfänglich fiel es Herrn Hofer schwer, zu Hause zu sitzen und nichts zu tun, während seine Kollegen und Kolleginnen in der Schule waren und arbeiteten. Herr Hofer hatte Schuldgefühle und wurde von einem schlechten Gewissen geplagt. Er hatte das Gefühl, als Lehrer versagt zu haben. Auch schämte er sich dafür, dass er den Schulalltag nicht mehr bewältigen konnte und pausieren musste. Herr Hofer traute sich anfänglich nicht, aus dem Haus zu gehen. Er befürchtete, auf bekannte Personen zu treffen und sich erklären und über seine psychische Verfassung sprechen zu müssen.

Was Herrn Hofer sehr zu schaffen machte, war, dass er perma-
nent müde und völlig entkräftet war. Aufgaben, die er früher
nebenbei erledigt hatte, schaffte er nur mit größter Anstren-
gung. Nach einer einfachen Tätigkeit wie dem Aufräumen der
Küche fühlte er sich elend und war ausgepumpt. Er litt unter
Schwindelgefühlen und hatte Schweißausbrüche. Herr Hofer
musste sich hinsetzen, eine Pause einlegen und brauchte Zeit,
um sich zu erholen.

Die Erschöpfung, in der sich Herr Hofer schon seit längerem
befand, wurde nun, wo er loslassen konnte und nichts tun muss-
te, tiefer und umfassender. Nach anfänglichen Widerständen
ergab sich Herr Hofer schließlich der abgrundtiefen körperli-
chen und geistigen Müdigkeit. Herr Hofer schlief oft und viel.
Das Schlafen tat ihm gut. Er konnte abschalten und alles, was
ihn belastete, vergessen. Das Schlafen half ihm, sich zu erholen,
Ruhe zu finden und Kraft und Energie für den Tag zu tanken.

Ohne seine Arbeit hatte Herr Hofer viel Zeit, um über sich
und das Leben nachzudenken. Eines Morgens, Herr Hofer
lag im Bett und ruhte sich aus, erschrak er plötzlich. Etwas
an ihm war anders als sonst. Er spürte eine unbeschreibliche
Dünnhäutigkeit und große Schutzlosigkeit. Herr Hofer, der
stets wusste, was er wollte, und das Leben fest im Griff hatte,
wusste überhaupt nichts mehr. Die Gedanken „Ich weiß nicht
mehr, wer ich bin“, „So kenne ich mich gar nicht“ und „Was
ist mit meinem Leben bloß passiert?“ schossen ihm durch
den Kopf. Sein Herz begann zu rasen und sein Körper sich zu
verkrampfen. Außerstande zu verstehen, was dies zu bedeuten
hatte, machten sich bei Herrn Hofer Angst und Panik breit. Die
Befürchtung, mit ihm sei etwas ernsthaft nicht in Ordnung und

er sei fortan nicht mehr in der Lage, den Alltag zu bewältigen,
lastete schwer auf ihm. Verzweifelt und vom Erlebten überwäl-
tigt, begann Herr Hofer zu weinen. Er, der seit dem Tod seiner
Mutter keine Träne mehr vergossen hatte, wurde von heftigen
Gefühlen überrollt und erlebte Empfindungen, die ihm fremd
waren. Es dauerte längere Zeit, bis der Ansturm der Gefühle
sich legte, sein Körper sich entspannte und er die Fassung
wiedererlangte.

In der darauf folgenden Nacht konnte Herr Hofer nicht ein-
schlafen. Er war hellwach und begann über seine Situation,
ganz besonders über das, was ihm am Morgen widerfahren
war, nachzudenken. Kaum dass er sich das Erlebte in Erinne-
rung rief, fühlte er sich wieder dünnhäutig und schutzlos. Er
hatte den Eindruck, alles im Leben verloren zu haben und vor
dem Nichts, vor einem Scherbenhaufen zu stehen. Erneut mach-
te sich eine tiefe Verzweiflung breit. Von Gefühlen überwältigt,
begann Herr Hofer erneut zu weinen. Obwohl das Weinen ihm
gut tat und er sich danach erleichtert, ja gelöst fühlte, machte
er sich ernsthaft Sorgen um seinen Gesundheitszustand. Die
psychische Instabilität, die starken und unkontrollierbaren Ge-
fühle, der Mangel an Kraft und Energie, die Dünnhäutigkeit,
die Schutzlosigkeit und das unangenehme Gefühl, vor einem
Scherbenhaufen zu stehen und nicht mehr weiterzuwissen,
machten ihm zu schaffen.

Herrn Hofers Leben war nicht mehr so, wie es einmal war.
Obwohl er sich viel Ruhe gönnte und häufig schlief, war es
ihm nicht wohl in seiner Haut. Er fühlte sich kraftlos und müde
und hatte Mühe, den Alltag zu bewältigen. Kleinste Störungen
konnten ihn verunsichern und ihm den Boden unter den Füßen

*wegziehen. Nie war er sicher. Stets musste er damit rechnen,
aus der Bahn geworfen zu werden. Zusätzlich zu den unangenehmen Gefühlen und fremdartigen Empfindungen machten
ihm auch die wiederkehrenden negativen Gedanken zu schaffen: „Was ist bloß nur los mit mir?", „Dieses Auf und Ab halte
ich nicht länger aus" oder „Wenn dies so weitergeht, drehe ich
noch durch" waren Gedanken, die ihm durch den Kopf schossen und sein angeschlagenes Selbstvertrauen schwächten. Da
sein Zustand ihn beunruhigte und er nicht mehr weiterwuss-
te, wandte er sich erneut an seinen Hausarzt. Dieser war vor
Jahren selber in ein Burnout geraten und wusste um den Ernst
der Lage. Um die Krise zu bewältigen und wieder ins Leben zurückzufinden, riet er Herrn Hofer, psychotherapeutische Hilfe
in Anspruch zu nehmen.*

Steigende Anforderungen, schwindende Kräfte

Wie Herrn Hofer geht es immer mehr Menschen. Lange Zeit
geht alles gut und läuft es rund im Leben. Psychisch sind wir
stabil, emotional ausgeglichen und geistig klar. Wir verfügen
über ein starkes Selbstvertrauen und schauen voller Zuversicht
in die Zukunft. Mit den beruflichen Herausforderungen können
wir gut umgehen und den Alltagsstress locker wegstecken. Die
täglichen Aufgaben fordern uns zwar heraus, doch können wir
diese gut bewältigen.

Mit dem Erreichen des vierzigsten Lebensjahres kann sich das
Lebensgefühl ändern. Wie dies bei Herrn Hofer der Fall war,
kann sich ein Unwohlsein breitmachen. Es können auch körperliche Beschwerden oder emotionale Schwierigkeiten auf-

tauchen. Die Leichtigkeit nimmt ab und der Lebensschwung geht verloren. Alltägliche Aufgaben werden anstrengender und Störungen machen uns mehr zu schaffen. Wenn es uns nicht gelingt, geschickt mit der sich verändernden Lebenssituation umzugehen und bei Kräften zu bleiben, kann es geschehen, dass wir in eine Erschöpfung geraten, die in die Krise führt.

Weshalb brennen so viele Menschen im Alter zwischen vierzig und fünfzig Jahren aus? Weshalb nicht mit zwanzig oder dreißig? Weshalb gibt es keine ausgebrannten Kinder oder ausgebrannten Rentner? Es gibt Kinder, die psychische Probleme haben und niedergeschlagen sind. Es gibt alte Menschen, die mit dem Leben hadern und unter einer Depression leiden. Doch von einem ausgebrannten Kind oder einem ausgebrannten Rentner habe ich noch nie gehört. Weshalb ist das so? Weshalb trifft es vor allem Menschen in dieser Altersgruppe? Es ist sehr wichtig, dass wir die Ursachen kennen und die Hintergründe verstehen. Dies hilft uns, diese kritische Lebensphase gut zu meistern, und bewahrt uns davor, selber auszubrennen und in eine Krise zu geraten.

Im Alter zwischen vierzig und fünfzig Jahren erreichen die meisten Menschen den energetischen Zenit. Danach beginnen die Kräfte im Körper abzunehmen und die Lebensenergien zurückzugehen. Dieser Prozess findet sehr langsam statt und zeigt nicht bei jeder Person denselben Verlauf. Während die einen gar nichts davon wahrnehmen, treten bei anderen deutliche Anzeichen auf. Im Alter zwischen vierzig und fünfzig Jahren sind wir körperlich zwar immer noch fit und geistig leistungsfähig, doch wir verfügen nicht mehr über das gleiche Energiepotential, das wir hatten, als wir jünger waren. Als wir zwanzig Jahre alt waren, konnten wir die halbe Nacht durchmachen. Am nächsten Tag waren wir zwar müde, doch wir erholten uns schnell. Mit vierzig oder fünfzig kann uns eine Nacht mit wenig Schlaf derart zusetzen, dass es uns am nächsten Morgen schwerfällt, aufzustehen und den Alltag in Angriff zu nehmen.

Zwischen vierzig und fünfzig Jahren nehmen die Kräfte und Energien ab, während die beruflichen Anforderungen und privaten Verpflichtungen hoch sind oder gar ansteigen. Dabei öffnet sich eine Schere zwischen dem Kräfteaufwand und dem Kräfterückgang. Dies bewirkt, dass es schwieriger wird, den Alltag zu bewältigen. Statt diesem Umstand Rechnung zu tragen und haushälterisch mit den Kräften und Energien umzugehen, machen wir weiter wie eh und je. Wir eilen von Termin zu Termin, arbeiten viel und sind auch privat stark eingespannt. Aus Zeitmangel vernachlässigen wir unsere Hobbys und unterlassen es, während des Tages Pausen einzulegen, um abzuschalten und uns vom Alltagsstress zu erholen. Erst wenn wir müde und erschöpft sind, sich der Körper meldet und die Gesundheit leidet, wird uns bewusst, dass etwas nicht stimmt und wir unsere Lebensweise ändern müssen.

Denkanstöße:

- Fühlst du dich vital und gesund oder kraftlos und erschöpft?
- Wenn kraftlos und erschöpft, was sind die Ursachen?
- Wie gehst du mit dem Zeitdruck und dem Alltagsstress um?
- Machen diese dir immer mehr zu schaffen?
- Wie steht es um die beruflichen Anforderungen und privaten Verpflichtungen?

- Sind diese hoch, zu hoch?
- Fällt es dir schwer, zu entspannen, abzuschalten und Ruhe zu finden?
- Wenn ja, was brauchst du oder was fehlt dir?
- Hast du Mühe mit dem Einschlafen und/oder wachst du nachts häufig auf?
- Wenn ja, weshalb?
- Fühlst du dich am Morgen ausgeruht und erholt oder müde und abgekämpft?
- Wenn müde und abgekämpft, was sind die Gründe?
- Wie ist das Verhältnis zwischen Kraft und Energie auf der einen und beruflichen Anforderungen und privaten Verpflichtungen auf der andern Seite?
- Sind der Kraft- und Energieaufwand mit den Anforderungen und Verpflichtungen im Gleichgewicht?
- Oder nehmen die Anforderungen und Verpflichtungen überhand und lassen die Kräfte und Energien nach?
- Wenn dies der Fall ist, heißt es aufpassen und Gegenmaßnahmen ergreifen.

5. DAS BURNOUT ERKENNEN

Ein Burnout kommt nicht über Nacht, sondern entwickelt sich schleichend, kaum spürbar. Bei einem Burnout spielen unterschiedliche Faktoren eine zentrale Rolle. Zu diesen gehören Überlastung, Mangel an Erholung und Ruhepausen, persönliche Schwierigkeiten, berufliche Probleme, ungenügend ausgebildete Konfliktbewältigungsstrategien und keine effektiven Werkzeuge, um Stress abzubauen.

Der Verlauf, den die Krise nimmt, kann nicht vorausgesagt werden und verläuft nicht für alle Personen gleich. Abhängig vom körperlichen und psychischen Zustand, den vorhandenen Ressourcen und der Anteilnahme von Drittpersonen kann die Krise unterschiedlich lange dauern und braucht man mehr oder weniger Zeit, um zu Kräften zu kommen und erneut Fuß im Leben zu fassen.

Die vier Ebenen

Lange vor dem eigentlichen Ausbrennen gibt es Anzeichen, die darauf hindeuten, dass man überlastet ist, dass die Zeit, um sich zu erholen, nicht genügt, dass die Energiereserven schwinden und man dabei ist, das innere Gleichgewicht zu verlieren. Da der

Kräfte- und Energieverlust ein subtiler Prozess ist, nimmt man diesen anfänglich kaum oder gar nicht wahr. Erreicht dieser ein gewisses Ausmaß, reagiert der Körper damit, dass er warnende Signale aussendet. Zu diesen gehören ein generelles Unwohlsein, Müdigkeit und diffuse schmerzhafte Empfindungen, die kommen und wieder gehen. Wenn diese Signale ignoriert werden, beginnen häufig die schon genannten Symptome wie Nackenverspannungen, Rückenbeschwerden, Kopfschmerzen, Schwindelgefühle, Enge in der Brust, Übelkeit, Schweißausbrüche oder Verdauungsstörungen aufzutreten.

Auf der emotionalen Ebene macht sich das beginnende Burnout dadurch bemerkbar, dass man unausgeglichen und gereizt ist. Auf Störungen reagiert man ungehalten und vor unvorhergesehenen Ereignissen fürchtet man sich. Im eigentlichen Burnout fühlt man sich dünnhäutig, schutzlos und sehr verletzlich. Man ist tief verunsichert und von allem überfordert. Man erlebt große Stimmungsschwankungen und intensive Gefühle, die zu kontrollieren man nicht in der Lage ist. Es kann geschehen, dass man grundlos weinen muss, plötzlich in Angst und Panik gerät, dass man sich verzweifelt und ohnmächtig fühlt und belanglose Vorkommnisse einen aus der Fassung bringen.

Auf der geistigen Ebene kommt ein beginnendes Burnout dadurch zum Ausdruck, dass man zerstreut und verwirrt ist. Es fällt einem schwer, sich zu konzentrieren und den Kopf bei der Sache zu haben. Man verliert leicht den Überblick und hat Mühe, das Wesentliche vom Unwesentlichen zu unterscheiden. Da man geistig absorbiert ist, macht man Fehler und nimmt oft gar nicht wahr, was um einen herum geschieht. Beim eigentlichen Burnout sind die negativen Gedanken stark und können immer und überall auftreten. Abschalten, ausspannen und Ruhe finden ist kaum mehr möglich. Das Angespanntsein überträgt sich auf die Nacht. Man schläft schlecht, wacht immer wieder auf und hat unangenehme Träume. Morgens ist man müde und kraftlos. Man hat große Schwierigkeiten aufzustehen. Ohne Halt im Leben und ohne sicheren inneren Zufluchtsort kann das Dasein zur Qual werden.

Auf der verhaltensbezogenen Ebene macht sich das beginnende Burnout dadurch bemerkbar, dass man sich antriebslos fühlt, Motivationsprobleme hat und das Engagement im Beruf und Privatleben zurückgeht. Im eigentlichen Burnout können Apathie, Teilnahmslosigkeit und Abkapselung auftreten. Das Essverhalten ist häufig gestört. Man isst entweder zu viel oder gar nichts. Auch nehmen die Suchtneigungen zu. So steigt der Zigarettenkonsum und es kann zu Alkohol- und Medikamentenmissbrauch kommen. Aus Angst, den Alltag nicht mehr zu bewältigen und um sich zu schützen, zieht man sich in die eigenen vier Wände zurück. Seelisch erschöpft und mit den Kräften am Ende, möchte man in Ruhe gelassen und von niemandem und durch nichts gestört werden.

Burnout-Anzeichen

Welche körperlichen, emotionalen, geistigen und verhaltensbezogenen Anzeichen deuten auf ein beginnendes Burnout hin? Welche Merkmale zeichnen den ausgebrannten Zustand aus? Was sind die Besonderheiten eines Burnouts? Nachstehend folgt eine Zusammenfassung der wesentlichen Punkte.

Beginnendes Burnout

Hierzu gehören:
Generelles Unwohlsein, unangenehme, oft schmerzhafte Empfindungen in unterschiedlichen Körperteilen, fremdartige Wahrnehmungen und wiederkehrende Verspannungen. Mattheit, Müdigkeit, Dumpfheit und Energiemangel. Einschlafprobleme und beginnende Schlafstörungen. Auftauchen erster Symptome.

Burnout

Hierzu gehören:
Nackenverspannungen, Rückenprobleme, Verkrampfungen, Kopfschmerzen, Migräne. Übelkeit, Appetitlosigkeit, Blähungen und Verdauungsprobleme. Schweißausbrüche, Kurzatmigkeit, Kraftlosigkeit, Energielosigkeit und Erschöpfung. Schwindelgefühle, Schwächeanfälle, Lähmungserscheinungen, Muskelzittern, Engegefühle im Oberkörper und Stechen in der Brust. Gehörsturz und Tinnitus.

Beginnendes Burnout

Hierzu gehören:
Gereiztheit, Ungeduld und Angespanntsein. Emotionale Unausgeglichenheit, Stimmungsschwankungen, Schwierigkeiten im

Umgang mit Störungen und unvorhergesehenen Ereignissen. Latente Verunsicherung und diffuse Ängste.

Burnout

Hierzu gehören:
Große existentielle Verunsicherung, psychische Instabilität und starke Gefühle. Die Gefühle reichen von Trauer, Verzweiflung, Ohnmacht, Hilflosigkeit, Hoffnungslosigkeit, Mutlosigkeit, Orientierungslosigkeit, Wut, Angst bis hin zu Panik. Zu den Ängsten gehören die Angst, es nicht zu schaffen, die Angst zu versagen und die Angst unterzugehen. Weitere typische Anzeichen sind Gefühle der Durchlässigkeit, der Schutzlosigkeit, der Dünnhäutigkeit und der inneren Leere.

Geistige Anzeichen

Beginnendes Burnout

Hierzu gehören:
Unkonzentriertheit, Vergesslichkeit, Fahrigkeit, Rastlosigkeit und geistige Abwesenheit. Sorgenvolle Gedanken, gedankliches Umherspringen, Schwierigkeiten, abzuschalten und auszuspannen, unruhiger Schlaf, viele und oft unangenehme Träume.

Burnout

Hierzu gehören:
Chaotische und angstvolle Gedanken, Gedankenflut, große geistige Verwirrung, anhaltende Unkonzentriertheit, durchdrin-

gende Rastlosigkeit. Einschlafstörungen, Durchschlafschwierigkeiten und wiederkehrende Albträume. Abschalten, Ausspannen und Ruhe finden ist schwierig.

Verhaltensbezogene Anzeichen

Beginnendes Burnout

Hierzu gehören:
Motivationsprobleme, Antriebslosigkeit, schwindendes Engagement, Arbeitsunlust, Rückzugsneigung,

Burnout

Hierzu gehören:
Apathie, Teilnahmslosigkeit, Abkapselung, Isolation und Krankheitsanfälligkeit, gestörtes Essverhalten, Zigarettenkonsum, Alkoholmissbrauch, Medikamentenmissbrauch.

6. DIE VIER PHASEN

Ein Burnout zeichnet sich durch vier unterschiedliche Phasen aus: der Kräfte- und Energieverschleiß, der Zusammenbruch, der Übergang und der Wiederaufbau. Die vier Phasen können sehr verschieden verlaufen und ganz individuell erlebt werden. Bei den einen dauert es lange, bis die Reserven aufgezehrt sind, sich eine abgrundtiefe Erschöpfung breitmacht und man in die Krise gerät. Bei anderen wiederum gehen die Kräfte und Energien schnell verloren und bricht das Lebensgefüge schon nach kurzer Zeit auseinander.

Der schleichende Kräfte- und Energieverschleiß

In der Phase zwischen dem vierzigsten und fünfzigsten Lebensjahr erreichen wir den energetischen Zenit. Danach gehen die Kräfte im Körper langsam zurück und die Lebensenergien nehmen ab. Manche meistern diesen Abschnitt geschickt und teilen ihre Kräfte ein. Anderen fehlen die Pausen, um dem Druck standzuhalten, doch nehmen sie sich zusammen und machen weiter wie früher.

Wenn dieser Zustand andauert, hat dies negative Auswirkungen. Im Körper macht sich ein diffuses Unwohlsein breit. Da wir keine Gründe für das Unwohlsein angeben können, werden wir unsicher und beginnen uns zu verkrampfen. Als Reaktion auf das Unwohlsein und die Verkrampfung nehmen die Befürchtungen und negativen Gedanken zu. Dies wiederum vertieft das Unwohlsein und lässt die Spannungen im Körper anwachsen. Ein Teufelskreis kommt in Gang.

Das Auftauchen von Krankheitssymptomen ist ein Alarmzeichen. Es bedeutet, dass der Kräfte- und Energieverlust einen kritischen Punkt erreicht hat, die psychische Schwächung weit fortgeschritten ist und wir dabei sind, in eine Erschöpfung zu geraten. Ein einschneidendes Ereignis wie körperliche Beschwerden, ein Streit mit der Partnerin, dem Partner oder berufliche Schwierigkeiten können den Ausschlag geben, dass wir in den seelischen Abgrund fallen.

Eine große Schwierigkeit bei Burnout ist, dass der Kräfte- und Energieverlust und die psychische Schwächung äußerst subtile Vorgänge sind, von denen wir lange Zeit nichts wahrnehmen. Wir finden immer wieder plausible Argumente, um die Müdigkeit zu rechtfertigen, die Konzentrationsschwiergkeiten zu erklären, die Antriebslosigkeit zu entschuldigen, den Mangel an Entspannung zu begründen und die Schlafprobleme zu beschönigen.

Wenn wir ein ernsthaftes körperliches Problem wie Rückenbeschwerden haben, suchen wir den Hausarzt auf, um uns untersuchen und behandeln zu lassen. Beim Burnout verhält sich dies anders. Erst wenn die Erschöpfung unabwendbar ist, die Symptome stärker werden und wir den Alltag kaum mehr bewältigen können, unternehmen wir etwas. Wie sich häufig herausstellt, befinden wir uns dann schon derart tief in der Krise, dass wir dem drohenden Zusammenbruch nichts mehr entgegenhalten können.

Der Zusammenbruch

Wenn die Kräfte erschöpft sind, geht alles meistens sehr schnell. Das Lebensgefüge bricht auseinander. Verzweifelt versuchen wir uns selber zu finden, doch außer einem Scherbenhaufen ist da nichts mehr. Fassungslos und tief erschüttert stehen wir vor dem Nichts und glauben, das Ende der Welt erreicht zu haben.

Zu schaffen machen uns auch die Gefühle, Gedanken und körperlichen Empfindungen, die wir während des Zusammenbruches durchleben. Die Gefühle sind roh und archaisch. Sie haben eine unbeschreibliche Intensität und bedrohliche Tiefe. Die Gedanken, die den Zusammenbruch begleiten, sind wild und äußerst beängstigend. Meistens haben sie Horrorbilder und Katastrophenszenarien zum Inhalt und scheinen kein Ende zu nehmen. Die Empfindungen, die wir im Körper spüren, sind uns unvertraut. Sie reichen von Zuckungen, Stechen, Hitze, Kälte bis hin zu Gefühllosigkeit.

Um damit klarzukommen und den Zusammenbruch zu verarbeiten, ist professionelle Unterstützung von großer Hilfe. Sicher im therapeutischen Rahmen aufgehoben und einfühlsam begleitet, fällt es uns leichter, das Unfassbare anzunehmen, uns an den Zusammenbruch heranzutasten und diesen behutsam aufzuarbeiten. Wenn die professionelle Begleitung fehlt, besteht die Gefahr, dass das Leiden unnötig in die Länge gezogen wird und das Risiko, einen Rückfall zu erleiden, zunimmt. Obwohl wir uns nach einer gewissen Zeit erholt haben und wir wieder normal funktionieren, ist der Boden, auf dem wir stehen, instabil und der Raum zum Leben eng. Wenn die Kräfte sich nicht vollständig aufgebaut haben und die Energien nicht wieder voll fließen, bleiben eine emotionale Unsicherheit und eine körperliche Anspannung zurück. Wir sind vorsichtig und finden einfach nicht richtig ins Leben zurück.

Der Übergang

Der Übergang stellt eine weitere anspruchsvolle Phase dar. Dieser kann mit einem Gang über dünnes Eis verglichen werden, bei dem wir befürchten, jeden Moment einzubrechen. Das vertraute Lebensgefüge, das uns in der Vergangenheit Schutz, Halt und Orientierung geboten hat, ist nur noch schwach oder gar nicht mehr vorhanden. Wir befinden uns in einem Zustand permanenter Unsicherheit und konstanter Instabilität. Alles ist in Bewegung und nichts fest. Stets müssen wir damit rechnen, auf unangenehme Gefühle, negative Gedanken und fremdartige Empfindungen zu stoßen und das Wenige an Halt und Schutz, das uns verblieben ist, vollständig zu verlieren.

Dieser instabile Zustand ist äußerst anstrengend und kostet viel Kraft. Wir haben große Schwierigkeiten, einfache Aufgaben zu lösen. Wir fühlen uns angespannt, verkrampfen uns leicht und können kaum loszulassen. Wir sind verwirrt und haben Mühe, Ruhe zu finden. Im Körper machen sich immer wieder neue Spannungen bemerkbar.

Typisch für die Übergangsphase ist eine große Dünnhäutigkeit. Oft wird berichtet, dass die schützende Außenhaut fehlt. Ohne diesen Schutz sind banale Vorkommnisse unangenehm und können kleinste Störungen einen aus der Bahn werfen. Lärm beispielsweise ist nur schwer zu ertragen. Kaum dass ein starkes Geräusch, wie das Schreien von Kindern, ertönt, gerät man in Spannung. Man fühlt sich dem Lärm hilflos ausgeliefert und hat den Eindruck, dieser dringe direkt in einen ein. Stress und Hektik sind ebenfalls ganz schwierig. Befindet man sich in einer stressigen Umgebung oder hektischen Situation, fühlt man sich unwohl und beginnt sich zu verkrampfen. Da man auf alle äußeren Eindrücke sehr sensibel reagiert und diesen nichts entgegenhalten kann, meidet man lärmige Umgebungen und hektische Orte. Man zieht es vor, in den vertrauten vier Wänden des eigenen Zuhauses zu sein.

Eine weitere Schwierigkeit beim Übergang ist die, dass wir nicht wissen, wie wir uns in diesem instabilen Zustand zu verhalten haben. Kaum dass wir einen Schritt in eine Richtung gehen, gerät alles ins Wanken. Augenblicklich fühlen wir uns verunsichert, erleben Angst und Not und befürchten, erneut abzustürzen. Da alles in Bewegung ist und es kaum Halt und Sicherheit gibt, wissen wir nicht, woran wir uns orientieren, geschweige denn, worauf wir uns beziehen sollen. Um nicht ständig mit der Instabilität konfrontiert zu werden, verhalten wir uns vorsichtig. Wir stehen innerlich auf der Bremse und meiden alles Unangenehme und Störende.

Der Übergang ist ein Abschnitt in der Burnoutbewältigung, der leicht übersehen und dessen tiefere Bedeutung oft falsch verstanden wird. Das Annehmen der Bodenlosigkeit, der Schutzlosigkeit und der Dünnhäutigkeit ist alles andere als einfach. Es braucht Vertrauen, sich an die Instabilität heranzutasten und trotz der existentiellen Verunsicherung loszulassen. Um diese heikle Phase zu meistern und sich wieder sicher im Leben verankern zu können, müssen wir behutsam vorgehen und dürfen nichts forcieren. Wenn wir ungeduldig sind und uns nicht die Zeit nehmen, die es braucht, um diese Passage zu meistern, haben wir Mühe, zu Kräften zu kommen. Obwohl wir uns zusammennehmen und bemüht sind, den Alltag zu bewältigen, bleibt ein latentes Unwohlsein bestehen. Das Selbstvertrauen ist angeschlagen. Die Lebensfreude und Zuversicht, die wir vor der Krise hatten, wollen einfach nicht mehr zurückkehren.

Der Wiederaufbau

Der Wiederaufbau, die letzte der vier Phasen, erfordert Zeit, Geduld und Beharrlichkeit. Um aus der Erschöpfung herauszukommen, müssen wir uns neu ausrichten und die Haltung dem Leben gegenüber ändern. Die Haltungsänderung, die ganz natürlich zu einer veränderten Sichtweise führt, ist von zentraler Bedeutung. Sie ermöglicht uns, Altes loszulassen, Schwierigkeiten anzugehen und sicher ins Leben zurückzufinden. Den Wiederaufbau mit Strategien und Techniken alleine bewältigen zu wollen, was häufig versucht wird, greift zu kurz. Wenn wir uns auf Strategien und Techniken beziehen, ohne die Haltung zu ändern, laufen wir Gefahr, uns im Kreis zu drehen und in den Problemen, die in die Erschöpfung geführt haben, steckenzubleiben.

Oft wird auch versucht, mit körperlichen Aktivitäten aus der Krise herauszukommen. Körperliche Betätigung ist wichtig.

Doch körperliche Betätigung alleine ist eine zu einseitige Vorgehensweise. Obwohl wir uns nach einer körperlichen Aktivität wohl und gestärkt fühlen, bedeutet dies nicht, dass wir auf diese Weise Kraft und Energie aufbauen und die Krise bewältigen können.

Die Haltungsänderung, auf die es ankommt, setzt sich aus verschiedenen Teilen zusammen und hat unterschiedliche Aspekte zum Inhalt. Eine zentrale Rolle kommt der Sichtweise zu, mit der wir an den Wiederaufbau herangehen. Wenn wir der Überzeugung sind, den Wiederaufbau nicht zu schaffen, haben wir Mühe, uns zu motivieren und die Hindernisse, die sich uns in den Weg stellen, auszuräumen. Obwohl wir es immer wieder versuchen, will es uns nicht richtig gelingen. Wir zweifeln an uns selber und haben Schwierigkeiten dranzubleiben. Wenn wir die Krise als persönliche Niederlage betrachten, wird sie zur persönlichen Niederlage. Wenn wir glauben, versagt zu haben, finden wir immer wieder Gründe, um von neuem zu versagen. Wenn wir uns als Opfer fühlen, bleiben wir in der Opferrolle stecken. Wenn wir die Krise dagegen als Chance betrachten, wird sie zur Chance. Mit der veränderten Sichtweise verschiebt sich der Blickwinkel. Das Festhalten am Negativen und die Bezogenheit auf das persönliche Unvermögen lösen sich auf. Da sich neue Perspektiven öffnen, sind wir in der Lage, den Wiederaufbau in Angriff zu nehmen und den Weg zurück ins Leben zu gehen.

Ebenfalls zur Haltung gehört, dass wir wissen, worauf wir uns im Alltag, aber auch bei Krisen, zu beziehen haben. Dem, was im Zentrum der Aufmerksamkeit steht, kommt eine zentrale Bedeutung zu. Wenn die Probleme, Befürchtungen und Ängste im Mittelpunkt stehen und wir diesen unsere Aufmerksamkeit schenken, werden diese größer und mächtiger. Wenn wir stattdessen die Offenheit und Weite ins Zentrum rücken, können wir loslassen und entspannen. Der Lebensraum, der klein und eng war, öffnet sich und wird weit. Mit der Offenheit und Weite im Zentrum fällt es uns leichter, Hindernisse auszuräumen und wieder Fuß im Leben zu fassen.

Ein weiterer Aspekt der Haltungsänderung betrifft die Einstellung uns selber gegenüber. Wir neigen dazu, mit uns selber hart ins Gericht zu gehen und uns für gemachte Fehler zu verurteilen. Eine harte und strenge Haltung ist mit ein Grund, dass wir immer wieder von neuem in Schwierigkeiten geraten und mit dem Leben hadern. Statt hart und streng mit uns selber zu sein und uns für gemachte Missgeschicke zu verurteilen, sollten wir uns selbst gegenüber eine großzügige und freundliche Haltung entwickeln. Eine großzügige und freundliche Haltung trägt maßgeblich dazu bei, dass wir die Situation, in der wir uns befinden, besser annehmen können und es uns leichter fällt, mit Störungen und Schwierigkeiten umzugehen.

Zum Wiederaufbau gehört, dass wir immer wieder von neuem herausgefordert und auf die Probe gestellt werden. Kaum dass wir uns besser fühlen und glauben, die Krise bewältigt zu haben, tauchen neue Schwierigkeiten auf. Wir müssen Rückschläge einstecken, und der Boden unter unseren Füßen droht immer wieder einzubrechen. Leicht verlieren wir dabei das Selbstvertrauen und befürchten, der Aufgabe nicht gewachsen zu sein. Eine weitere Schwierigkeit beim Wiederaufbau ist, dass alte Verletzungen, unbewältigte Vorkommnisse und tief sitzende Grundmuster auftauchen können, die mit zum Entstehen des

Burnouts beigetragen haben. Um den Wiederaufbau zu schaffen und sicher ins Leben zurückzufinden, ist es wichtig, Störungen aufzulösen, Hindernisse auszuräumen und alles Negative und Belastende loszulassen. Wenn Verletzungen, Unbewältigtes und Grundmuster bestehen bleiben, ist es schwierig, eine stabile Lebensgrundlage aufzubauen.

Von großer Hilfe beim Wiederaufbau sind die Übungen in Kapitel zwei. Wenn wir diese in den Alltag einbauen und regelmäßig üben, fällt es uns leichter, die Krise zu bewältigen.

Ein weiteres Merkmal, das den Wiederaufbau begleitet, ist ein tiefgreifender innerer Wandel. Wenn die Krise ausgestanden ist, können wir aufatmen. Häufig wird uns an diesem Punkt, wo Ruhe in unser Leben einkehrt und wir wieder klar denken können, die Tiefe und Tragweite dessen bewusst, was wir erlebt haben und uns widerfahren ist. Freude macht sich breit und wir spüren eine tiefe Dankbarkeit für das neu gewonnene Leben.

Der innere Wandel hat weitreichende Auswirkungen. Da wir nicht mehr weitermachen wollen und weitermachen können wie bisher, beginnen wir die Prioritäten anders zu setzen und das Dasein neu auszurichten. Tätigkeiten und Hobbies, die wir vernachlässigt und aus Zeitmangel aufgegeben haben, nehmen wir erneut auf. Wenn wir in der Vergangenheit gerne Klavier gespielt haben, nehmen wir uns Zeit, um regelmäßig zu musizieren. Wenn der Garten früher ein Ort der Ruhe und Erholung war, verbringen wir viel Zeit draußen bei den Blumen. Wenn wir zu den Personen gehören, die sich gerne sportlich betätigen, wird der Sport erneut zu einem festen Bestandteil des täglichen Lebens.

Ein weiterer Ausdruck des inneren Wandels ist, dass wir Dinge, die uns nicht gut tun, aufgeben und wir Situationen, die Kraft und Energie kosten, meiden. Wir machen es uns zur Gewohnheit, uns zu fragen, was wir benötigen, damit wir uns körperlich wohlfühlen und es uns seelisch gut geht. Wir verspüren den Wunsch, Zeit für uns selber zu haben, genießen das Nichtstun und erfreuen uns an dem, was das Leben uns zu bieten hat. Wir hören auf, dauernd herumzurennen, hinter allen Dingen herzujagen und das Glück auf morgen zu verschieben. Da wir weniger gestresst sind und wir den Alltag ruhiger angehen, reagieren wir gelassener auf Störungen.

Ebenfalls zum inneren Wandel gehört, dass grundlegende Fragen auftauchen und wir beginnen, uns mit dem tieferen Sinn des Lebens zu befassen. Häufig erwacht an diesem Punkt auch das Interesse an Büchern, die psychologische oder spirituelle Themen zum Inhalt haben. Im Wissen um die Kostbarkeit des Lebens und die große Bedeutung der eigenen Gesundheit, gönnen wir uns immer wieder Pausen. Wir nehmen uns Zeit, um zu entspannen und den Kopf zu leeren. Wir gehen hinaus in die Natur und machen Spaziergänge durch den Wald.

7. DAS BURNOUT BEWÄLTIGEN

Frau Suters Geschichte

Frau Suter ist verheiratet und Mutter zweier erwachsener Söhne. Frau Suter hat ein großes Interesse an der Kunst. Sie genießt es, Stunden in Museen zu verbringen, Bilder berühmter Maler zu betrachten und deren Lebensgeschichten zu studieren. Im Keller ihres Hauses hat Frau Suter ein kleines Malatelier eingerichtet. Sooft sie kann, hält sie sich dort auf und malt Bilder. Beruflich ist Frau Suter in einer Versicherungsgesellschaft tätig, wo sie eine leitende Position innehat. Zu ihrem Tätigkeitsbereich gehört es, neue Projekte zu lancieren, Kunden zu beraten, Teamsitzungen zu leiten und Lösungen für anstehende Probleme zu suchen.

Der Berufsalltag von Frau Suter war voll mit Terminen, Sitzungen und Besprechungen. Obwohl sie oft unter Zeitdruck stand und die Arbeitslast von Jahr zu Jahr größer wurde, konnte Frau Suter gut mit dem Arbeitsalltag umgehen. Abends konnte sie problemlos abschalten und die Eindrücke des Tages loslassen. Gewohnt, hart und viel zu arbeiten, machte Frau Suter regelmäßig Überstunden und nahm unerledigte Arbeiten mit nach Hause. Frau Suter war nicht einfach zufrieden zu stellen. Doch sie wurde von ihren Mitarbeitern als kompetente Fachperson geschätzt und von ihren Vorgesetzten als zuverlässige Führungskraft respektiert.

Was Frau Suter zu schaffen machte, waren die ständigen Um-strukturierungen in der Agentur. Viele Angestellte fühlten sich durch die Unruhe, die entstand, verunsichert und waren unzu-frieden. Im Team kam es deshalb wiederholt zu Spannungen. Zuverlässige Mitarbeiter, mit denen Frau Suter gerne zusam-menarbeitete, verließen frustriert die Firma.

Nach einem verlängerten Wochenende, das Frau Suter mit ih-rem Mann in einer anderen Stadt verbracht hatte, trat eine Änderung ein. Frau Suter, die gerne arbeitete, hatte plötzlich Mühe, sich zu motivieren und in die Agentur zurückzukehren. Obwohl sie sich unwohl fühlte, riss sie sich zusammen und versuchte dem, was sie spürte, keine Beachtung zu schenken. Ein Woche später touchierte Frau Suter beim Einparken eine Mauer. Es entstand nur ein kleiner Blechschaden. Doch Frau Suter ärgerte sich derart über ihr Missgeschick, dass es ihr schwerfiel, sich zu beruhigen. Frau Suter, die nach außen hin stets besonnen wirkte und ein ruhiges Auftreten hatte, machte sich Vorwürfe wegen des emotionalen Ausbruchs und schämte sich für ihr unkontrolliertes Verhalten.

Dass sie nicht mehr im Gleichgewicht war, bekam Frau Suter mehr und mehr zu spüren. Abends nach der Arbeit war sie müde und erschöpft. Sie fühlte sich häufig lust- und antriebs-los. Statt aktiv zu sein und hinauszugehen, blieb sie zu Hau-se und verbrachte Stunden vor dem Fernseher. Obwohl Frau Suter früh zu Bett ging und sie viel schlief, hatte sie Mühe, sich vom Alltagsstress zu erholen und zu Kräften zu kommen. Nachts wurde sie häufig von unangenehmen Träumen geweckt. Ihr Schlaf, der für sie nie ein Problem gewesen war, wurde oberflächlich und verlor die erholsame Tiefe. Frau Suter hat-

te immer weniger Nächte, in denen sie durchschlafen konnte und nach denen sie sich am Morgen ausgeruht fühlte. Die Bewältigung des Alltages wurde schwieriger und das Leben anstrengender.

Der Ehemann von Frau Suter ist Buchhalter und arbeitete bei der Stadt. Mit Sorge nahm er die Veränderungen im Befinden seiner Frau wahr, insbesondere ihre psychische Instabilität und emotionale Unausgeglichenheit. Er beklagte sich darüber, dass sie immer weniger Zeit füreinander hatten und die Beziehung unter ihrer großen Arbeitslast litt. Frau Suter hatte Mühe, dies zu hören. Sie, die viel arbeitete und sich aufopferte, fühlte sich angegriffen und in ihrem Stolz verletzt. Gleichzeitig hatte sie Schuldgefühle und ein schlechtes Gewissen, denn auch ihr war nicht entgangen, dass sich bei ihr etwas verändert hatte. Um ihren Mann zu beruhigen, erklärte sie ihm, dass das Ganze nur eine vorübergehende Phase sei und sich schon bald alles wieder einrenken würde.

Doch das Gegenteil war der Fall. Morgens nach dem Aufwachen fühlte sich Frau Suter erschöpft, kraftlos und leer. Sie hatte Schwierigkeiten, aufzustehen und den Alltag in Angriff zu nehmen. Während des Tages spürte sie in ihrem Körper eine bleierne Schwere. Abends zu Hause fiel es ihr schwer, zu entspannen und abzuschalten. Sie fühlte sich unruhig und angespannt und kam einfach nicht zur Ruhe. Ein weiteres Problem, das hinzukam, war die Ernährung. Frau Suter aß entweder gar nichts, da sie keinen Appetit hatte, oder stopfte dann zu viel in sich hinein, insbesondere Süßigkeiten, was ihrer Verdauung gar nicht gut tat. Als Person, die nicht nur streng arbeiten konnte, sondern das Leben genoss, trank sie abends gerne ein

Glas Wein. Häufig blieb es jedoch nicht bei einem, sondern oft wurden es zwei, drei und manchmal auch mehr.

Statt auf die Warnsignale des Körpers zu hören und den Ernst der Lage zu erkennen, tat Frau Suter das, was sie gelernt hatte zu tun: Sie nahm sich zusammen und schob alles Unangenehme zur Seite. Obwohl sie weiterhin gut funktionierte und die geforderten Leistungen erbrachte, wurde das Unwohlsein mit jedem Tag größer und wurden die körperlichen Spannungen tiefer. Frau Suter, die stets kompetent aufgetreten war und das Leben erfolgreich gemeistert hatte, begann unter Konzentrationsstörungen zu leiden und hatte Denkblockaden. Auch machten sich erste Symptome bemerkbar. Sie hatte wiederholt Kopfschmerzen und Schwindelanfälle und, was besonders unangenehm war, während Geschäftssitzungen Schweißausbrüche. Da sie die Veränderungen nicht mehr wegschieben und die Symptome nicht mehr ignorieren konnte, begann sie sich unsicher zu fühlen und machten sich Ängste breit. Frau Suters Welt, die stets fest und solide gestanden hatte, begann bedrohlich zu wanken. Hilflos musste sie miterleben, wie ihr Selbstvertrauen, das in der Vergangenheit unerschütterlich zu sein schien, schwand und sie schwächer und kraftloser wurde.

Frau Suter kannte sich selber nicht mehr. Sie glaubte versagt zu haben und betrachtete ihre Schwierigkeiten als persönliche Niederlage. Da sie sich schämte, zog sie sich zurück und kapselte sich von der Welt ab. Ihre Freundinnen, mit denen sie einen regen Kontakt gepflegt hatte, traf sie nur noch selten. Ausflüge in Museen machte sie kaum noch. Aus Zeitmangel und weil ihr die Energie fehlte, gab sie auch das Malen auf. Frau Suter ging zur Arbeit, versuchte den anspruchsvollen Job so gut wie möglich zu erledigen und verbrachte den Rest der Zeit zu Hause. Da sie immer mehr Mühe hatte, den Alltag zu bewältigen, und besorgte Mitarbeiter sie auf ihren angeschlagenen Zustand ansprachen, entschloss sich Frau Suter, ein Time-out zu nehmen. Geplant war, dass sie und ihr Mann vier Wochen Ferien machten. Ihr Mann war hocherfreut über diese Idee. Er erhoffte sich, dass ein Time-out seiner Frau helfen würde, Ruhe zu finden, zu Kräften zu kommen und die Frau zu werden, die sie früher einmal war.

Bevor Frau Suter in die Ferien reisen konnte, gab es in der Agentur viel zu zun. Sie musste Pendenzen abtragen, angefangene Projekte an ihre Mitarbeiter übertragen und die Zeit ihrer Abwesenheit organisieren. Nachdem sie im Geschäft alles geregelt und ihre Sachen gepackt hatte, flog Frau Suter mit ihrem Mann an einem warmen Sommernachmittag in die Ferien. Beide freuten sich riesig auf die kommenden vier arbeits- und stressfreien Wochen. Sie hatten geplant, kulturelle Sehenswürdigkeiten zu besuchen, viel zu lesen und die Zeit mit Nichtstun zu verbringen. Frau Suter hatte sich auch vorgenommen, ihre alte Leidenschaft, das Malen, wieder aufzunehmen.

Als Frau Suter am Morgen nach der Ankunft im Hotelzimmer erwachte, erschrak sie. Ihr Körper fühlte sich kalt und starr an. Sie hatte einen hohen Ruhepuls und nahm auf dem rechten Ohr ein pfeifendes Geräusch wahr. Frau Suter glaubte, dass Ganze sei eine vorübergehende Erscheinung, eine Reaktion auf den großen Stress der letzten Monate. Frau Suter war fassungslos. Endlich Ferien. Endlich Zeit zum Entspannen und Ausruhen. Endlich kein Druck und kein Stress mehr. Endlich Ruhe und Erholung und nun das. Frau Suter wurde von heftigen Gefüh-

len überrollt und brach zusammen. Nachdem sie sich wieder gefangen und mit ihrem Mann gesprochen hatte, entschied sie sich, einen Arzt aufzusuchen. Der Arzt, der ganz in der Nähe des Hotels eine Praxis hatte, zeigte sich besorgt über ihren Gesundheitszustand. Das pfeifende Geräusch im rechten Ohr diagnostizierte er als Tinnitus.

Frau Suter war am Ende mit den Nerven. Der Befund war für sie ein Schock. Ihr war klar, dass sie die Ferien abbrechen und heimreisen mussten. Auch tat ihr ihr Ehemann leid. Er hatte sich so auf die Ferien und das entspannte Zusammensein gefreut. Nun hatte sie ihn in ihren Augen schwer enttäuscht. Verzweifelt und niedergeschlagen verließen sie den Ferienort und flogen am nächsten Morgen in die Heimat zurück. Wieder zu Hause, rief Frau Suter umgehend ihren Hausarzt an und vereinbarte einen Termin. Nachdem dieser sie eingehend untersucht hatte, bestätigte er die Diagnose Tinnitus und kam zum Schluss, dass sie ein Burnout hatte und dringend Erholung und Ruhe benötigte. Da Frau Suter emotional aufgewühlt war und kaum abschalten konnte, verschrieb er ihr ein Beruhigungsmittel. Vom Hausarzt, der sie für einen Monat krankschrieb, wurde sie zudem angewiesen, psychotherapeutische Hilfe in Anspruch zu nehmen.

Als Frau Suter die Psychotherapie begann, fühlte sie sich erschöpft, leer und verzweifelt. Ihre Welt, die ihr in der Vergangenheit Halt und Sicherheit geboten hatte, war zusammengebrochen. Frau Suter, die das Leben fest im Griff gehabt hatte, Probleme zielstrebig angepackt und stets gewusst hatte, was sie wollte, wusste gar nichts mehr. Sie stand vor einem Scherbenhaufen. Ohne festen Boden unter den Füßen und ohne Schutz fühlte sie sich existentiell verunsichert und hatte Angst. Alles war ihr zu viel und alles überforderte sie. Kleinste Aufgaben, wie das Aufräumen der Küche oder das Erledigen von Einkäufen, stellten sie vor große Probleme. Nach einfachsten Tätigkeiten, die sie früher nebenbei erledigt hatte, war sie entkräftet. Um sich zu erholen, musste sie sich hinsetzen und eine Pause einlegen.

Was Frau Suter sehr zu schaffen machte, war, dass sie sich dünnhäutig und schutzlos fühlte und sie den Einflüssen der Umwelt hilflos ausgeliefert war. Wenn sie sich in einer hektischen Umgebung oder an einem lauten Ort aufhielt, verkrampfte sich alles in ihr. Sie hatte das Gefühl, dass die Hektik und der Lärm direkt in sie eindrangen und sie sich gegen die äußeren Eindrücke nicht wehren konnte. Um sich zu schützen, mied Frau Suter laute Orte und hektische Umgebungen und sie verbrachte die meiste Zeit in der vertrauten Umgebung ihres Zuhauses.

Eine weitere Schwierigkeit in Frau Suters Leben war die große psychische Instabilität. Eine einfache Frage konnte sie in Spannung versetzen und Angst auslösen. Sie bekam Schweißausbrüche und der Boden unter ihren Füßen geriet ins Wanken. Frau Suter, die nicht mehr wusste, wie sie sich im Alltag zu verhalten hatte, und die Begegnungen mit anderen Menschen fürchtete, sehnte sich nach Ruhe, Erholung und Entspannung. Tief verunsichert und vom Dasein überfordert, hoffte sie, dass das Ganze, das ihr wie ein schlechter Traum vorkam, bald ein Ende nehmen würde und sie wieder ganz normal leben und zur Arbeit zurückkehren konnte.

Für Herrn Suter, der sich große Sorgen um das Wohlergehen seiner Frau machte, war die Situation schwierig. Der Zustand seiner Frau bereitete ihm Angst. Obwohl sie viel miteinander sprachen, hatte er Mühe, nachzuvollziehen, was genau mit seiner Frau geschehen war und was die Diagnose Burnout zu bedeuten hatte. Zwischen beiden kam es wiederholt zu Auseinandersetzungen und traten Spannungen auf, welche die Beziehung belasteten. Um die Schwierigkeiten und Spannungen aufzulösen, begaben sie sich in Paartherapie. Mit therapeutischer Unterstützung gelang es ihnen, über ihre Gefühle zu sprechen, Missverständnisse auszuräumen und den Kontakt, der immer wieder abzubrechen drohte, offen zu halten.

Damit Frau Suter den Zusammenbruch des Lebensgefüges verarbeiten, die Erschöpfung auflösen und erneut zu Kräften kommen konnte, brauchte sie Zeit, viel Zeit. Wieder und wieder wurde sie von Selbstzweifeln befallen. Sie hatte Ängste durchzustehen und befürchtete, seelisch abzustürzen. Wenn sie auf Grenzen stieß oder sich ihr Hindernisse in den Weg stellten, fühlte sie sich schnell verunsichert und verlor das Wenige an Halt, das sie hatte. In solchen Momenten fiel es Frau Suter schwer, darauf zu vertrauen, dass sie die Krise bewältigen konnte und sie wieder gesund werden würde.

Um den Prozess der Selbstheilung zu fördern und den Wiederaufbau zu unterstützen, bekam Frau Suter in der Psychotherapie Übungen gezeigt, die sie zu Hause durchführte. Diese halfen ihr zu entspannen, Stress abzubauen, Kraft und Energie zu tanken und den inneren Raum zu öffnen. Die Übungen wurden für sie zu wichtigen Werkzeugen in der Alltagsbewältigung. Zum einen stärkten diese ihr Selbstvertrauen, zum anderen festigten sie die Verankerung im Leben. Wenn sich Frau Suter unwohl fühlte oder es in ihrem Kopf zu drehen begann, wusste sie, was sie zu tun hatte. Statt zu grübeln, zu zweifeln und ihr ganzes Leben in Frage zu stellen, setzte sie sich hin und machte die Übungen.

Ein weiterer wichtiger Aspekt der Psychotherapie betraf die Haltungsänderung. Hierzu gehörte, dass Frau Suter lernen musste, auf ihren Körper und dessen Signale zu hören, und sie sich mit den Gefühlen und Gedanken vertraut zu machen hatte. Frau Suter, die gewohnt war, sich selber zu übergehen und das, was sie spürte, auf die Seite zu schieben, hatte Mühe, ihre Aufmerksamkeit nach innen zu richten und sich mit diesem für sie unbekannten Bereich vertraut zu machen. Nach anfänglichen Schwierigkeiten gelang es ihr immer besser, die Signale des Körpers wahrzunehmen, deren Bedeutung zu verstehen und geschickt mit den auftauchenden Gedanken und Gefühlen umzugehen.

Da Frau Suter mit sich selber streng war und sie dazu neigte, sich für gemachte Fehler zu verurteilen, gehörte die Entwicklung einer großzügigen und freundlichen Einstellung ebenfalls zur Haltungsänderung. Damit tat sich Frau Suter schwer. Gelernt, sich zusammenzunehmen und auf die Zähne zu beißen, fiel es ihr nicht leicht, mit sich selber großzügig und freundlich zu sein und die Selbstverurteilung aufzugeben. Frau Suter war der Überzeugung, dass sie ohne die Strenge und Härte im Berufsalltag nicht überleben könne. Nach einer zähen Phase des Ringens und Haderns schaffte sie es schließlich, ihre alte Überzeugung loszulassen. Frau Suter wurde großzügiger und freundlicher mit sich selber und hörte auf, sich für begangene Missgeschicke zu verurteilen.

Was Frau Suter gut tat und ihre Gesundheit stärkte, waren Spaziergänge. Jeden Tag und bei jedem Wetter ging sie hinaus und genoss es, draußen in der Natur zu sein. Auf ihren ausgedehnten Rundgängen durch den Wald konnte sie auftanken und entdeckte sie sich selber und die Welt neu. Ihre Sinne, die abgestumpft waren, erwachten zu neuem Leben. Die Freude und der Humor, die sie verloren hatte, kehrten zurück. Die Trost- und Hoffnungslosigkeit, die sie während Wochen begleitet hatte, lösten sich auf. Inspiriert von der Natur und berührt von dem, was sie auf ihren Spaziergängen erlebte, begann sich ihre Sichtweise zu wandeln und tauchten grundlegende Fragen nach dem Sinn des Lebens auf. „Was brauche ich?", „Was tut mir gut?", „Wie möchte ich leben und wie arbeiten?", „Was erfüllt mich?" oder „Was macht mich glücklich?" waren Fragen, die für sie bedeutsam wurden.

Ein weiterer Aspekt der Psychotherapie betraf die Aufarbeitung der eigenen Geschichte. Als Frau Suter fünf Jahre alt war, trennten sich ihre Eltern. Zwischen ihrer Mutter und ihrem Vater gab es wiederholt Auseinandersetzungen, die häufig im Streit endeten. Es kam vor, dass die Eltern nach einem solchen Streit tagelang nicht mehr miteinander sprachen. Dann herrschte eine unerträgliche Stille und eisige Kälte. Da die Konflikte heftiger und die Spannungen tiefer wurden, kam es schließlich zu einer Trennung. Ohne die Tochter darüber zu informieren, verließ ihr Vater eines Tages die Wohnung und kehrte nicht mehr zurück. Frau Suter, die keine Möglichkeit hatte zu reagieren, war geschockt. Sie begann unter Albträumen zu leiden und das Bett zu nässen. Da sie der Überzeugung war, dass es nicht so weit gekommen wäre, wenn sie ein folgsames Kind gewesen wäre, hatte sie Schuldgefühle und machte sich

Selbstvorwürfe. Um den emotionalen Schmerz und die seeli-
sche Not zu ertragen, machte sich Frau Suter innerlich zu und
wurde gegen außen hin hart.

Weil das Geld knapp und die Wohnung zu teuer war, zog ihre
Mutter mit Frau Suter zur Großmutter, die alleine lebte und
die ein großes Haus besaß. Zusammen mit ihrer Mutter, die ge-
zwungen war, einer Arbeit nachzugehen, und ihrer Großmutter,
einer warmherzigen Frau, wuchs Frau Suter auf. Den Vater sah
sie selten. Bald nach der Trennung lernte dieser eine andere
Frau kennen, die er später heiratete und mit der er eine neue
Familie gründete. Frau Suter schmerzte es sehr, dass ihr Vater
wenig Interesse an ihr zeigte und sie selten besuchte. Frau Suter
war eifersüchtig auf ihre Halbschwestern, die hatten, was sie
vermisste: einen Vater, der sich um sie kümmerte und der sie
liebte. Um die Zuwendung und Liebe, die ihr verwehrt wurden,
zu erhalten, strengte sie sich an und versuchte mit besonderen
Leistungen auf sich aufmerksam zu machen. Sie war eine ehr-
geizige Schülerin, lernte fleißig und brachte zur Freude aller
gute Noten nach Hause.

Nach dem Schulabschluss machte Frau Suter eine kaufmän-
nische Lehre bei einer Großbank. Um beruflich voranzukom-
men, bildete sie sich im In- und Ausland weiter und übernahm
schließlich eine leitende Position bei der Bank. An einer neuen
Herausforderung interessiert, wechselte sie fünf Jahre später
in die Versicherungsbranche, wo sie erneut eine leitende Po-
sition innehatte. In dieser Zeit lernte Frau Suter ihren Mann
kennen, der acht Jahre älter war als sie. Bei der ersten Be-
gegnung war ihr klar, dass dies der Mann war, mit dem sie
zusammenleben und alt werden wollte. Zwei Monate später

bezogen sie eine gemeinsame Wohnung und ein Jahr später heirateten sie.

Herr und Frau Suter verfolgten ähnliche Interessen. Sie verstanden sich gut und hatten eine für beide erfüllende Beziehung. Spannungen gab es immer dann, wenn sich Frau Suter von ihrem Mann zu wenig wahrgenommen und nicht genug geliebt fühlte, sie wegen anderer Frauen eifersüchtig reagierte oder wenn Verlustängste sie plagten. Dann kam es vor, dass sie sich stritten und sich aus dem Weg gingen. Obwohl die Spannungen unangenehm waren und die Beziehung wegen den Konflikten auf die Probe gestellt wurde, gelang es beiden, über die Gefühle und Verletzungen zu sprechen, die Schwierigkeiten auszuräumen und den Kontakt offen und lebendig zu halten.

Als Frau Suter achtundzwanzig Jahre alt war, wurde ihre erste Tochter geboren. Ein Jahre später kam ihr Sohn zur Welt. Frau Suter machte eine Kinderpause, um die erste Zeit ganz für die Kinder da sein zu können. Als die Kinder in die Schule gingen und die Mittelstufe besuchten, stieg Frau Suter mit einem Teilzeitpensum bei der Versicherungsagentur ein, bei der sie früher gearbeitet hatte. Obwohl es eine sehr strenge Zeit war, schaffte es Frau Suter mit Unterstützung ihres Mannes und externer Kinderbetreuung, Beruf, Muttersein und Familie unter einen Hut zu bringen. Nachdem die Kinder die Schule abgeschlossen hatten und eine berufliche Ausbildung begannen, erhöhte Frau Suter ihr Arbeitspensum auf hundert Prozent und gehörte schon bald wieder zum Kader der Versicherungsagentur.

Wie Frau Suter im Rückblick erkannte, trugen verschiedene Faktoren zum Entstehen des Burnouts bei. Alles fing damit an, dass sie immer länger im Geschäft blieb, unerledigte Arbeiten mit nach Hause nahm und abends und oft auch an den Wochenenden mit beruflichen Angelegenheiten beschäftigt war. Aus Zeitmangel und weil ihr die Energie fehlte, gab sie ihre Hobbys auf. Sie vernachlässigte den Kontakt zu ihren Freundinnen und gönnte sich während des Tages immer weniger Ruhepausen. Beruflich eingespannt und privat gefordert, nahm sie nicht wahr, wie die Kräfte schwanden und die Energiereserven aufgezehrt wurden. Frau Suter nahm sich zusammen und biss auf die Zähne. Längere Zeit konnte sie diesen kräfte- und energieraubenden Zustand aufrechterhalten und schaffte es, die beruflichen Aufgaben und privaten Verpflichtungen zu bewältigen. Das Unwohlsein, welches sich in ihr breitmachte, schob sie zur Seite und die Erschöpfung, die immer umfassender wurde, ignorierte sie. Erst als sie unter Symptomen zu leiden begann, Schlafprobleme bekam und Mühe hatte, den Alltag in Angriff zu nehmen, wurde ihr der Ernst der Lage bewusst. Um sich zu erholen und wieder zu Kräften zu kommen, nahm sie sich ein Time-out und reiste mit ihrem Mann in die Ferien. Statt Entspannung und Ruhe zu finden und auftanken zu können, brach ihr Lebensgefüge auseinander und stürzte sie in den seelischen Abgrund.

Elf Monate nach dem Zusammenbruch ging es Frau Suter wieder gut. Sie fühlte sich wohl in ihrer Haut. Sie hatte festen Boden unter den Füßen und blickte voller Zuversicht in die Zukunft. Die Lebensfreude und das Selbstvertrauen, die ihr abhanden gekommen waren, waren zurückgekehrt. Frau Suter konnte wieder problemlos schlafen, wachte morgens ausgeruht auf und freute sich auf den neuen Tag. Manchmal tauchten unangenehme Gefühle auf oder machten sich negative Gedanken bemerkbar. Da sie wusste, wie sie mit diesen umzugehen hatte, ließ sie sich durch diese weder verunsichern noch aus dem Gleichgewicht bringen. Der Tinnitus war zwar immer noch da, doch bedrängte dieser sie nur in ganz seltenen Fällen. In Absprache mit dem Hausarzt und dem Psychotherapeuten entschied sich Frau Suter, die Arbeit wieder aufzunehmen. Um einen Rückfall zu vermeiden, stieg sie behutsam ein. Frau Suter arbeitete anfänglich nur morgens. Einen Monat später steigerte sie das Arbeitspensum auf sechzig Prozent. Weitere zwei Monate später erhöhte sie auf achtzig Prozent und arbeitete nie mehr als vier Tage in der Woche.

Für Frau Suter war das Burnout eine einschneidende Erfahrung. Zum einen wurde sie mit den dunklen Seiten des Lebens konfrontiert, zum anderen erfuhr ihr Dasein einen tiefgreifenden Wandel. Da sie unter keinen Umständen nochmals in eine solche Krise geraten wollte und ihre Gesundheit ihr am Herzen lag, machte sie während des Tages regelmäßig Pausen. Sie nahm sich Zeit für die Übungen, die sie in der Therapie gelernt hatte, und unternahm alle zwei Tage einen längeren Spaziergang durch den Wald. Für Frau Suter, die das Leben mit anderen Augen sah, verloren der berufliche Erfolg und die Karriere an Bedeutung. Im Zentrum stand für sie das eigene Wohlergehen und ein ausgefülltes Dasein. Frau Suter verbrachte viel Zeit mit ihrem Mann, traf sich regelmäßig mit Freunden, las Bücher zu grundlegenden Lebensthemen und gab ihrer Leidenschaft, der Malerei, einen festen Platz im Leben.

Das Wichtigste: Sich Zeit nehmen

Das Bewältigen eines Burnouts braucht Zeit und Geduld. Sich an den Zusammenbruch heranzutasten und den Wiederaufbau in Angriff zu nehmen, ist keine leichte Aufgabe. Nachstehend sind einige grundlegende Punkte aufgeführt, die helfen, besser mit der Krise umzugehen.

Verstehen, was geschehen ist

Ganz wichtig für Burnoutbetroffene ist, dass sie verstehen, was genau mit ihrem Leben geschehen ist. Ein Verständnis der Ursachen und Hintergründe, die zum Entstehen des Burnouts beigetragen haben, unterstützt sie darin, die Krise als Chance zu betrachten und alles zu unternehmen, um dies vollumfänglich aufzulösen. Darüber hinaus vermindert dies die Gefahr, dass man in die Opferrolle gerät und das Leiden unnötig in die Länge gezogen wird.

Ein großes Problem vieler Burnoutbetroffener ist, dass sie glauben, versagt zu haben, und sie sich für ihr Scheitern schämen. Sie, die sie immer das Beste gegeben, pflichtbewusst gearbeitet und sich stets aufgeopfert haben, befinden sich plötzlich in einer Situation, auf die sie keine Antwort haben und die sie nicht bewältigen können. Außerstande zu fassen, was mit ihrem Leben geschehen ist, fühlen sie sich verzweifelt und sind ratlos. Da sie die Krise als persönliche Niederlage betrachten und sie in ihrem Scheitern keinen Sinn sehen, machen sich existentielle Ängste breit.

Eine weitere Schwierigkeit vieler Burnoutbetroffener ist, dass ihnen von außen gesehen nichts fehlt. Wenn wir einen Fuß im Gips haben und an Krücken gehen, sind uns die Anteilnahme und das Mitgefühl der uns nahestehenden Personen gewiss. Beim Burnout ist dies anders. Weil die Erschöpfung für Außenstehende nur schwer sichtbar ist, fühlen sich Burnoutbetroffene oft nicht richtig verstanden und in ihrer Not allein gelassen. Aus Mangel an Unterstützung und Anteilnahme laufen Burnoutbetroffene Gefahr, an sich selber zu zweifeln und dem, was sie spüren, zu misstrauen. Um nicht als Versager dazustehen oder gar als Schwächlinge abgestempelt zu werden, nehmen sich Burnoutbetroffene zusammen und versuchen schnellstmöglich wieder auf die Beine zu kommen. Dass dies der falsche Weg ist, wird ihnen dann bewusst, wenn es ihnen trotz gutem Willen nicht gelingt, zu Kräften zu kommen.

Zeit haben

Was Burnoutbetroffene besonders brauchen, ist Zeit, viel Zeit. Burnoutbetroffene brauchen Zeit, um das, was mit ihrem Leben geschehen ist, zu verstehen, und das, was ihnen widerfahren ist, anzunehmen. Sie brauchen Zeit, um zu erkennen, dass nichts mehr funktioniert wie früher und sie vor dem Nichts stehen. Burnoutbetroffene brauchen Zeit, um sich vom Schock zu erholen und sich neu zu orientieren. Burnoutbetroffene brauchen Zeit, um mit dem Zustand der Ungewissheit, der alles andere als angenehm ist, vertraut zu werden. Und nicht zuletzt brauchen Burnoutbetroffene Zeit, um mit dem Gewirr aus Gefühlen, Gedanken und Empfindungen, das ein bedrohliches Ausmaß annehmen kann, klarzukommen.

Zeit haben ist ganz wichtig in der Krisenbewältigung. Zeit haben ist heilsam. Zeit haben führt zu Klarheit, schafft Ordnung und bringt Ruhe ins Leben. Zeit haben ermöglicht, sich an die veränderten Umstände heranzutasten und den Wiederaufbau in Angriff zu nehmen.

Zeit haben, um den Zusammenbruch zu verarbeiten

Das Zulassen, Annehmen und Verarbeiten des Zusammenbruches des Lebensgefäßes ist ein Prozess, der Zeit braucht, unterschiedliche Phasen aufweist und nicht für alle Betroffenen gleich verläuft. Zu Beginn fühlt man sich vor allem erschüttert und ist fassungslos. Verzweifelt versucht man das eigene Leben, das dem Dasein Sinn und dem Alltag Inhalt gegeben hat, zu finden und in die vertraute Normalität zurückzukehren. Wie sehr man sich auch bemüht und sucht, außer einer abgrundtiefen Erschöpfung und einer großen Leere ist nichts mehr übrig.

Wenn sich die Fassungslosigkeit gelegt und man sich vom Schock erholt hat, folgt eine Phase der Ratlosigkeit und Verwirrung. Was geschehen ist, kann und darf nicht sein. Man hadert mit dem eigenen Schicksal und versucht einen Ausweg aus der ausweglos scheinenden Lage zu finden. Um das Unfassbare abzuwenden, wehrt man sich gegen das, was man spürt, und hofft, dass das Ganze nur ein böser Traum sei, nicht aber die Wirklichkeit. Wie sehr man die Situation auch analysiert und versucht, das vertraute Leben wiederzufinden, weder erhält man eine Antwort noch kehrt dieses zurück. Mehr noch: Das Analysieren, Hinterfragen und Suchen lassen nicht nur die Ratlosigkeit und Verwirrung anwachsen, sondern halten einen auch im Zustand der Ausweglosigkeit und Not gefangen.

Wenn man das Analysieren zur Seite legt, kann man loslassen. Eine Entspannung tritt ein. Die Ratlosigkeit und die Verwirrung legen sich. Der Zustand der Ausweglosigkeit löst sich auf. Es fällt einem leichter, das Unfassbare zuzulassen und den Zusammenbruch als Tatsache anzunehmen. Mit dem Zulassen und Annehmen werden einem die Tiefe und das Ausmaß der Situation bewusst, in der man sich befindet. Die Gefühle, Gedanken und Empfindungen, die den Zusammenbruch begleitet haben, die man jedoch ausgeblendet hat, beginnen aufzutauchen. Obwohl unangenehm, ist dies ein wichtiger Teil im Verarbeitungsprozess, denn man braucht Zeit und Raum, um diese anzunehmen und sich von diesen zu befreien.

Die große Bedeutung der Zeit kann nicht genug hervorgehoben werden. Wenn Burnoutbetroffene genügend Zeit haben, um den Zusammenbruch aufzuarbeiten, fällt es ihnen leichter, die Krise aufzulösen. Wenn ihnen dagegen die Zeit fehlt, die sie für die Aufarbeitung benötigen, kann dies weitreichende Konsequenzen haben. Zum einen hat man Mühe, emotionale Verletzungen und körperliche Spannungen loszulassen, das verlorengegangene Selbstvertrauen wiederzuerlangen und ins Leben zurückzufinden. Zum anderen besteht die Gefahr, dass sich die Symptome verschlimmern, chronisch werden und sich eine Erschöpfungsdepression entwickelt.

Zeit haben, um den Übergang zu schaffen

Den Übergang vom Alten und Bekannten, das zusammengebrochen ist, hin zum Neuen und Unbekannten, das noch nicht steht, zu schaffen, stellt eine weitere große Herausforderung dar, die Zeit braucht. Dieser delikate Abschnitt zeichnet sich dadurch aus, dass man sich dünnhäutig und schutzlos fühlt. Man ist sehr sensibel und alles wird einem schnell zu viel.

Ebenfalls schwierig sind ganz alltägliche Dinge, wie Einkäufe machen oder Telefonate führen. Wenn man in der Stadt unterwegs ist und auf andere Personen trifft, hat man ein latentes Unbehagen. Man befürchtet, auf etwas Unangenehmes zu stoßen, von Gefühlen und Eindrücken überflutet zu werden und mitten im Alltagsgeschehen das fragile Gleichgewicht zu verlieren. Man erlebt die Welt als unsicheren Ort und Begegnungen mit anderen Personen sind anstrengend.

Um den Übergang zu meistern und sich wieder sicher im Leben zu verankern, muss man sich in Geduld üben und auf das hören, was der Körper einem signalisiert. Das Vertrauen auf das eigenen Gespür und das Hören auf den Körper sind wichtig. Als Ausdruck des inneren Zustandes zeigt einem der Körper unmissverständlich, wo im Bewältigungsprozess man sich befindet und wie fest der Boden ist, auf dem man steht. Mit der Ausrichtung auf das eigene Gespür und das Hören auf den Körper ist man sicher auf Kurs und kann den Übergang gut schaffen.

Häufig wird die Übergangsphase falsch eingeschätzt und für deren Bewältigung zu wenig Zeit eingeräumt. Wenn man sich erholt hat und man sich körperlich und psychisch wohler fühlt, kann leicht der Eindruck entstehen, dass die Krise überstanden ist. Man verspürt den Wunsch, hinauszugehen und andere Leute zu treffen. Man möchte an sozialen Aktivitäten teilnehmen und die Arbeit, die einem wichtig ist, erneut aufnehmen. Wenn man sich jedoch immer noch in der Übergangsphase befindet, wird man schnell eines Besseren belehrt. Beim Einkaufen erlebt man unverhofft einen Schwindelanfall. Im Gespräch hat man plötzlich einen Schweißausbruch. Während der Fahrt im Auto fühlt man sich plötzlich unwohl. Bei der Arbeit kommt es unerwartet zu einem energetischen Zusammenbruch.

Zeit haben, um sich neu auszurichten

Die Krise verändert das Leben. Man ist sensibler und empfänglicher geworden. Man nimmt sich selber besser wahr und spürt die eigenen Grenzen klarer. Die Signale des Körpers achtet man und man weiß, was diese zu bedeuten haben. Zu den Gefühlen, Gedanken und Empfindungen hat man einen neuen Bezug gefunden. Da man mit diesen vertraut geworden ist und gelernt hat, geschickt mit ihnen umzugehen, braucht man ihnen weder auszuweichen noch sich vor ihnen zu fürchten. Schwierigkeiten und Störungen betrachtet man nicht mehr als Hindernisse, sondern als Herausforderungen, die es anzugehen und zu bewältigen gilt. Die eigene Gesundheit, die bis zur Krise kein Thema war, ist einem wichtig. Man möchte für diese sorgen und unter keinen Umständen nochmals in eine Erschöpfung geraten.

Eine positive Auswirkung der Krise ist, dass ein Prozess in Gang kommt, der zu einem Wandel der persönlichen Sichtweise führt. Alltägliche Dinge, denen man früher kaum Beachtung geschenkt hat, wie das Einnehmen einer Mahlzeit, das Aufräumen der Küche oder das Lesen der Tageszeitung, erhalten einen anderen Stellenwert. Statt alles schnellstmöglich zu erledigen und blind durch den Tag zu gehen, wird man achtsam und ist aufmerksam. Man nimmt wahr, wo man sich befindet, und ist sich bewusst, was um einen herum geschieht. Vom Wunsch beseelt, dem Dasein wieder Inhalt und dem Leben neuen Sinn zu geben, beginnt man sich neu auszurichten und die Prioritäten anders zu setzen. Man macht sich Gedanken darüber, wie man den Alltag sinnvoll gestalten kann und was für einen persönlich bedeutsam ist. Man besinnt sich auf alte Hobbys. Diese Tätigkeiten, die in der Vergangenheit ein Quelle der Freude und Inspiration waren, nimmt man wieder auf und gibt ihnen einen festen Platz im Leben.

Bei der Neuorientierung spielen die Intuition, die Selbsterkenntnis und ein entspannter Umgang mit den Geschehnissen des Alltags eine wichtige Rolle. Diese tragen maßgeblich dazu bei, dass man loslassen kann, dass man gelassen reagiert und das Leben mit anderen Augen betrachtet. Um diesen Prozess, der Zeit braucht und in den man hineinwachsen muss, lebendig zu halten, ist es hilfreich, die eigene Situation immer wieder kritisch unter die Lupe zu nehmen und sich zu fragen, wo im Leben man steht, wie es einem körperlich und psychisch geht und was man für das eigene Wohlergehen benötigt.

Zeit haben, um im Leben wieder Fuß zu fassen

Wenn man wieder bei Kräften und die Krise ausgestanden ist, besteht der nächste Schritt darin, erneut hinauszugehen, aktiv am Leben teilzunehmen und in die Arbeitswelt zurückzukehren. Auch diese Phase muss gut geplant und geschickt angegangen werden. Abhängig von der Dauer und der Tiefe der Krise, braucht man für diesen Teil unterschiedlich lang. Wichtig beim Wiedereinstieg ist, dass man behutsam vorgeht, sich in Geduld übt und sich Zeit lässt.

Auf dem Weg zurück ins Leben liegen auch Stolpersteine. So kann es geschehen, dass man sich bei sozialen Anlässen plötzlich unsicher fühlt; man befürchtet, das Gleichgewicht zu verlieren und in ein Loch zu fallen. Solche und ähnliche Vorkommnisse sind ganz normal und gehören zu dieser Phase. Weder sollte man sich deswegen unnötig Sorgen machen noch an sich selber zweifeln, sondern den eingeschlagenen Weg mutig und voller Zuversicht weitergehen. Wenn man den Alltag als Übungsfeld betrachtet, wird mit jeder Schwierigkeit, die man bewältigt, das Selbstvertrauen stärker und mit jedem Hindernis, das man ausräumt, der Halt im Leben tiefer.

Die Wiederaufnahme der Arbeit markiert einen kritischen Punkt. Es ist ratsam, behutsam einzusteigen und zu Beginn nur stundenweise zu arbeiten. Ein gut geplanter Einstieg ermöglicht einem, sich wieder an die Arbeitswelt zu gewöhnen und in dieser Fuß zu fassen. Wenn man zu schnell eingestiegen ist, kann es geschehen, dass man sich überfordert und in Not gerät. Aus Angst, als Versager dazustehen und die Arbeit zu verlieren, reißt man sich zusammen und versucht durchzuhalten. Diese Vorgehensweise ist gefährlich. Nicht nur schwinden dabei die Kräfte und geht das Selbstvertrauen verloren, sondern es besteht die Gefahr, dass man erneut in der Krise landet. Und die nächste Krise ist schwerwiegender als die erste und braucht länger, um aufgelöst zu werden. Um dies unter allen Umständen zu vermeiden, ist es wichtig, sich Zeit für den Wiedereinstieg zu nehmen und das Arbeitspensum nach und nach zu erhöhen.

8. DAS BURNOUT ABWENDEN

Herrn Widmers Geschichte

Herr Widmer ist verheiratet, hat zwei schulpflichtige Kinder und arbeitet als Sozialarbeiter auf einer städtischen Beratungsstelle. Ursprünglich hatte Herr Widmer Elektromonteur gelernt und war zehn Jahre lang in diesem Beruf tätig gewesen. Da er eine neue Herausforderung suchte und der soziale Bereich ihn interessierte, ließ er sich zum Sozialarbeiter ausbilden. Herr Widmers Arbeit auf der Beratungsstelle ist anspruchsvoll und abwechslungsreich. Er berät Menschen, die berufliche und persönliche Schwierigkeiten haben, führt Familientherapiesitzungen durch, gibt Fortbildungskurse zu psychosozialen Themen und ist für die interne Weiterbildung zuständig.

Obwohl die Arbeit einen zentralen Platz in seinem Leben einnimmt, ist Herr Widmer gerne zu Hause bei seiner Frau und den beiden Kindern. Er genießt es, abends nach der Arbeit mit seiner Frau zu kochen, über die Geschehnisse des Tages zu sprechen und mit der Familie zusammen zu sein. Als begeisterter Sänger ist Herr Widmer Mitglied in einem Gesangverein. Das Singen tut ihm gut und macht ihm große Freude. Beim Singen kann er den Kopf leeren und Kraft tanken. Da er Spaß am Sport hat und körperlich fit bleiben möchte, joggt er einmal die Woche durch den Wald.

Sieben Jahre nach Antritt seiner Arbeit auf der Beratungsstelle gab es im Team eine Änderung. Der Chef, den er gut mochte und der ihm wohlgesinnt war, wurde pensioniert. Herr Widmer, der beruflich weiterkommen wollte, bewarb sich um den freiwerdenden Leiterposten. Doch er war nicht der Einzige im Team, der Interesse an der Stelle bekundete. Eine gleichaltrige Mitarbeiterin, die länger als er auf der Beratungsstelle arbeitete, bewarb sich ebenfalls. Obwohl Herr Widmer in die engere Wahl kam und er fest damit rechnete, die Leiterstelle zu erhalten, wurde seiner Kollegin der Vorzug gegeben. Als Herr Widmer dies erfuhr, war er bitter enttäuscht. Er erlebte die Nichtberücksichtigung als Zurückweisung, als persönliche Niederlage. Herr Widmer brauchte längere Zeit, um seine Nichtberücksichtigung zu verdauen und mit der neuen Situation klarzukommen.

Ein halbes Jahr später gab es eine weitere Veränderung. Ein erfahrener Mitarbeiter verließ überraschend die Beratungsstelle. Da trotz intensiver Suche keine geeignete Fachperson gefunden wurde, waren alle Mitarbeiter gezwungen, mehr zu arbeiten. Um das große Arbeitspensum zu bewältigen, konnte Herr Widmer nur noch eine kurze Mittagspause machen und musste häufig länger auf der Beratungsstelle bleiben. Am Abend nach der Arbeit fühlte sich Herr Widmer müde und leer. Ihm fehlte die Energie, um etwas zu unternehmen und sich mit Freunden zu treffen. Auch das Singen, auf das er sich stets gefreut hatte, musste er immer öfter ausfallen lassen. Herr Widmer blieb mehrheitlich zu Hause und verbrachte viel Zeit vor dem Fernseher. Obwohl das Fernsehen ihn in keiner Weise befriedigte, stellte es für ihn die einfachste Möglichkeit dar, abzuschalten und den Alltagsstress loszulassen.

Die berufliche Mehrbelastung und der Stress hinterließen Spuren. Herr Widmer fühlte sich unwohl und war angespannt. Auf Störungen reagierte er ungehalten, und unvorhergesehene Ereignisse brachten ihn leicht aus der Fassung. Was ihm zu schaffen machte, war das Klima auf der Beratungsstelle. Wegen der großen Arbeitslast waren die meisten Mitarbeitenden angespannt und im Stress. Obwohl die Leiterin alles unternahm, um die vakante Stelle neu zu besetzen, gab es Probleme damit. Weil die Stadt sparen musste, hieß es vom zuständigen Departement zuerst, die Stelle werde gestrichen. Nach zahllosen Sitzungen, hitzigen Debatten und politischem Druck war das zuständige Departement schließlich doch bereit, Geld zur Verfügung zu stellen und die offene Stelle neu zu besetzen.

In der Zwischenzeit waren fünf Monate vergangen. Bei Herrn Widmer traten Anzeichen eines Erschöpfungszustandes auf. Er fühlte sich nervös, hatte Schwierigkeiten, sich zu konzentrieren und den Kopf bei der Sache zu haben. Nach der Arbeit fiel es ihm schwer, abzuschalten und die Eindrücke des Tages loszulassen. Er, der nie Probleme mit dem Schlafen hatte, wachte in der Nacht wiederholt auf. Er hatte schlechte Träume und konnte danach oft nicht mehr einschlafen. Morgens fühlte er sich müde, kraftlos und wie gerädert. Er brauchte lange, um aufzustehen und den Alltag in Angriff zu nehmen. In seinem Nacken machte sich eine hartnäckige Verspannung breit, die häufig zu Kopfschmerzen führte. Was Herrn Widmer große Sorgen bereitete, war eine beklemmende Enge in der Brust, die mit jedem Tag stärker und tiefer wurde.

Als psychologisch geschulte Person wusste Herr Widmer, dass die Symptome Warnsignale waren und er diese ernst nehmen musste. Da Herr Widmer von der Wirksamkeit der Psychotherapie überzeugt war, entschied er sich, therapeutische Hilfe in Anspruch zu nehmen. In der Psychotherapie ging es für Herrn Widmer zuerst einmal darum, eine Standortbestimmung vorzunehmen und sich eingehend mit seiner privaten und beruflichen Situation zu befassen. Mit Unterstützung des Psychotherapeuten untersuchte er, in welchen Bereichen er Probleme erlebte, was die Ursachen der körperlichen Spannungen waren und wie er auf die Überlastung und den Stress reagierte. Weiter ergründete Herr Widmer, wo im Alltag er Energie und Kraft verlor, wie er mit seinen Ressourcen umging und welche möglichen tieferen Ursachen für den körperlichen Kräfteverschleiß und die seelische Erschöpfung verantwortlich waren.

Nach einer eingehenden Analyse seiner Lebenssituation wurde klar, dass die berufliche Überlastung, der anhaltende Stress, das Fehlen von Pausen im Alltag und der Mangel an Erholungszeit ihn erschöpften und für das Entstehen der Symptome verantwortlich waren. Herr Widmer schaffte es zwar, das große Arbeitspensum zu bewältigen und die an ihn gestellten Anforderungen zu erfüllen. Doch der Preis, den er dafür zahlte, war hoch, zu hoch.

Obwohl Herr Widmer dies in keiner Weise beabsichtigte, tat er das, was die meisten Menschen in schwierigen Zeiten zu tun pflegen: Aktivitäten, die ihm gut taten, gab er auf, und Dinge, aus denen er Kraft und Inspiration schöpfte, vernachlässigte er. Statt sich bewusst Zeit zu nehmen, um zu entspannen, den Kopf zu leeren und den Alltagsstress loszulassen, verbrachte er Stunden vor dem Fernseher. Statt hinauszugehen und sich körperlich zu betätigen, saß er zu Hause herum und haderte mit seiner beruflich unbefriedigenden Situation. Ohne dies zu realisieren, rutschte Herr Widmer immer tiefer in eine Grauzone, einen nebulösen Zustand ab. Es fiel ihm schwer zu sagen, was ihm gut tat und was er für sein körperliches und psychisches Wohlergehen benötigte.

Wie dies bei Krisen häufig der Fall ist, tauchten auch bei Herrn Widmer emotionale Verletzungen und unbewältigte Vorkommnisse aus der Vergangenheit auf. Herr Widmer war in einer intakten Familie aufgewachsen. Er war das jüngste Kind und hatte zwei ältere Schwestern. Sein Vater, ein wortkarger Mann, besaß ein Geschäft, das elektronische Geräte herstellte. Für alle war klar, dass Herr Widmer das Geschäft übernehmen und dies weiterführen würde. Doch statt nach der Ausbildung zum Elektromonteur im Geschäft des Vaters einzusteigen, wollte Herr Widmer zuerst eine Pause einlegen und auf Reisen gehen. Seine Eltern, die ihr ganzes Leben lang hart gearbeitet hatten, waren mit seinen Plänen ganz und gar nicht einverstanden. Zwischen Herrn Widmer und seinen Eltern kam es zu Konflikten. Da er sich nicht wahrgenommen fühlte und den Druck seitens seiner Eltern nicht mehr aushielt, brach Herr Widmer den Kontakt zu ihnen ab. Er zog in eine andere Stadt und nahm eine Temporärstelle an. Ein Jahr später erfüllte er sich seinen großen Traum und ging auf Weltreise.

Auf seiner Reise besuchte Herr Widmer verschiedene Länder und lernte fremde Kulturen und deren Menschen kennen. Das Reisen tat Herrn Widmer gut. Zum einen half es ihm, loszulassen und den Zwist mit den Eltern zu vergessen. Zum anderen war er frei und ungebunden und konnte tun und lassen, was er wollte. Nach seiner Rückkehr hatte er den Wunsch, seine Eltern zu treffen und *die ungeklärte Situation zu bereinigen. Obwohl sie über alles sprachen und er versuchte, ihnen seine Sichtweise darzulegen, fühlte er sich unverstanden und es blieb ein Unbehagen bestehen. Sein Vater, der sich hart und unversöhnlich zeigte, machte ihm schwere Vorwürfe. Seine Mutter reagierte nachsichtiger und verständnisvoller. Sie konnte nachvollziehen, dass er zuerst eigene Erfahrungen machen wollte, bevor er die Verantwortung für das Geschäft übernahm. Da Herr Widmer es sich nicht vorstellen konnte, unter diesen Voraussetzungen ins Geschäft einzusteigen, ließ er sich in einer kleinen Elektrofirma anstellen. Sein Vater, der trotz der Konflikte fest damit gerechnet hatte, dass sein Sohn zurückkommen und das Geschäft übernehmen würde, war enttäuscht und schwer gekränkt. Bis zu seinem Tode ging er seinem Sohn aus dem Weg und weigerte sich, mit ihm zu sprechen. Herr Widmer seinerseits fühlte sich verletzt und zurückgewiesen. Er litt darunter, dass es ihm verwehrt war, die Spannungen zwischen ihm und seinem Vater aus der Welt zu schaffen.*

Die Psychotherapie war für Herrn Widmer eine große Stütze. Er fühlte sich ernst genommen, konnte emotionale Verletzungen und kräftezehrende Grundmuster auflösen und hatte die Möglichkeit, sich mit seiner Geschichte zu versöhnen. In der Therapie lernte Herr Widmer auch Werkzeuge kennen, die ihm halfen, zu entspannen, den Alltagsstress loszulassen und Kraft und Energie zu tanken. Um sein Geschick im Umgang mit Störungen und Schwierigkeiten zu vertiefen und eine fürsorgliche Haltung zu entwickeln, nahm sich Herr Widmer im Alltag bewusst Zeit, um das in der Therapie Gelernte umzusetzen. Er machte es sich zur Gewohnheit, morgens nach dem Aufwachen und abends vor dem Einschlafen die an anderer Stelle beschriebenen Übungen durchzuführen und mit den Werkzeugen besser vertraut zu werden. Während des Tages gönnte er sich immer wieder kurze Pausen, nahm sich genügend Zeit für das Mittagessen und beendete seinen Arbeitstag nie später als sechs Uhr.

Dadurch, dass Herr Widmer sein Leben aufräumte, seinem Alltag eine sinnvolle Struktur gab und seine Haltung änderte, kehrten die Kräfte und Energien zurück und begann sich die Erschöpfung aufzulösen. Der innere Raum, der eng und begrenzt gewesen war, öffnete sich und dehnte sich aus. Das endlose Drehen im Kopf, welches ihn manchmal schier verrückt machte, nahm ab. Die Selbstzweifel und Schuldgefühle, die ihn viel Substanz kosteten, gingen zurück. Die Symptome und die Enge in der Brust wurden schwächer und verschwanden schließlich vollständig. Nachts konnte er durchschlafen und am Morgen fühlte er sich ausgeruht. Herr Widmer spürte, was ihm gut tat, und wusste, was er für sein körperliches und psychisches Wohlbefinden benötigte.

Wieder bei Kräften, fühlte sich Herr Widmer psychisch stabil und emotional ausgeglichen. Die beruflichen Aufgaben und privaten Verpflichtungen konnte er gut bewältigen. Vom Erlebten wachgerüttelt, begann er das Leben mit anderen Augen zu betrachten und die Prioritäten neu zu setzen. Herr Widmer wollte nicht nur funktionieren und mehr schlecht denn recht über die Runden kommen. Er wollte leben, das Zusammensein mit seiner Familie genießen und Zeit für seine Freunde haben. Um für die Gesundheit zu sorgen, machte er regelmäßig Pausen, baute die Übungen in den Alltag ein und unternahm einmal die Woche einen längeren Spaziergang durch den Wald. Das Singen, das er aus Zeitmangel aufgeben hatte, nahm er erneut auf und es wurde zu einem festen Bestandteil seines Lebens.

Das Wichtigste: Sich entspannen

Wenn man sich immer wieder Zeit nimmt, regelmäßig Pausen einlegt und sich entspannt, kann man ein Burnout abwenden und bei Kräften bleiben. Ebenso wichtig ist es, Hobbys beizubehalten, dem Alltag eine sinnvolle Struktur zu geben und – das wird oft vergessen – die Beziehungen zu Familie und Freunden zu pflegen. All dies fördert die Entspannung.

Standortbestimmungen

Standortbestimmungen sind nützliche und effektive Instrumente. Sie können regelmäßig durchführt werden und erfordern wenig Zeit. Wir können es uns zum Beispiel zur Gewohnheit machen, jeweils am Ende der Woche kurz Rückschau über die vergangene Woche zu halten. Dabei untersuchen wir, wie es uns körperlich, geistig und emotional gegangen ist, mit welchen Schwierigkeiten wir im Beruf und privaten Bereich konfrontiert wurden, wie wir mit diesen umgegangen sind, wie groß der Stress war, was uns Kraft gekostet hat und woraus wir Energie geschöpft haben. Wichtig bei der Standortbestimmung ist, dass wir die Situation, in der wir uns befinden, kritisch unter die Lupe nehmen, ohne zu werten oder zu urteilen. Wenn wir in dieser Weise vorgehen, wird uns schnell bewusst, wo wir im Augenblick stehen und welche konkreten Maßnahmen wir ergreifen können, um den Alltag zu meistern und das innere Gleichgewicht zu behalten.

Nachstehend sind einige Punkte aufgeführt, die für eine Standortbestimmung hilfreich sind.

Psychische und emotionale Ebene

* Stehst du mit beiden Beinen fest auf dem Boden und bist sicher im Leben verwurzelt?
* Bist du psychisch stabil?
* Fühlst du dich emotional ausgeglichen?
* Gibt es Störungen oder Schwierigkeiten, die dich belasten?
* Wenn ja, welches sind diese?
* Wie bist du mit diesen umgegangen?

Körperliche Ebene

* Fühlst du dich wohl in deiner Haut?
* Hast du genügend Kraft, um die alltäglichen Aufgaben zu bewältigen?
* Gibt es körperlichen Spannungen?
* Wenn ja, welches sind diese?
* Wie bist du mit diesen umgegangen?
* Leidest du unter bestimmten Symptomen?
* Wenn ja, welches sind diese?
* Was hast du getan, um diese aufzulösen?

Geistige Ebene

* Fühlst du dich ruhig und entspannt?
* Bist du klar im Kopf und kannst dich gut konzentrieren?
* Fällt es dir schwer, abzuschalten und den Kopf zu leeren?
* Wenn ja, was beschäftigt oder besetzt dich?

- Kannst du gut schlafen oder hast du Probleme mit dem Ein- und Durchschlafen?
- Fühlst du dich morgens ausgeruht und erholt oder müde und schwer und hast du Mühe, den Alltag in Angriff zu nehmen?
- Wenn ja, was sind die Gründe dafür?

Beruf und privater Bereich

- Gibt es berufliche Probleme, die dir zu schaffen machen?
- Wenn ja, welches sind diese?
- Was kannst du tun, um diese aufzulösen?
- Gibt es private Schwierigkeiten, die dich belasten?
- Wenn ja, welches sind diese?
- Wie bist du mit diesen umgegangen?

Stress

- Erlebst du viel oder wenig Stress im Alltag?
- Wenn viel, was sind die Ursachen?
- Welche Auswirkungen hat der Stress auf dein Fühlen, Denken und Handeln?
- Was kannst du tun, um den Stress abzubauen?

Kraft und Energie

- Was kostet dich im Alltag Kraft?
- Ist dies der Beruf oder der private Bereich oder beides?
- Woraus schöpfst du Energie?
- Über welche Ressourcen verfügst du?
- Bist du in Kontakt mit den Ressourcen und kannst du diese nutzen?

- Oder hast du die Verbindung zu deinen Kraftquellen verloren und sind diese versiegt?

Gegenmaßnahmen ergreifen

Wenn du dir Klarheit über deine momentane Situation verschafft hast, überlege dir, was du brauchst und tun kannst, um bei Kräften zu bleiben, den Alltag zu bewältigen und für deine Gesundheit zu sorgen. Nachstehend sind konkrete Maßnahmen aufgeführt, die helfen, loszulassen und zu entspannen und eine Krise wie das Burnout abzuwenden.

Entspannen und Stress abbauen

Stress gehört zum täglichen Leben. Das Problem ist nicht der Stress selber, sondern dessen Ausmaß und der Umgang damit. Problematisch wird es dann, wenn wir über längere Zeit unter Druck stehen, der Stress überhandnimmt und es uns nicht gelingt, loszulassen und diesen aufzulösen. Solche Situationen sind gefährlich. Sie schwächen uns psychisch und körperlich und tragen maßgeblich zum Entstehen der Erschöpfung bei. Um bei Kräften zu bleiben, ist es wichtig, sich im Alltag immer wieder Zeit zu nehmen, um zu entspannen und Stress abzubauen.

Wenn wir Nägel mit Köpfen machen und das Loslassen und Entspannen regelmäßig üben, tragen unsere Bemühungen Früchte. Wie Herr Widmer können wir uns vor dem Einschlafen am Abend und nach dem Aufwachen am Morgen fünf Minuten Zeit dafür nehmen. Dazu machen wir es uns im Bett bequem.

Danach atmen wir in den Körper hinein und folgen dem sanften Ein- und Ausströmen des Atems. Während wir dies tun, stellen wir uns vor, dass wir sicher verwurzelt wie ein kräftiger Baum oder felsenfest wie ein mächtiger Berg sind und der Raum in uns und um uns herum offen und grenzenlos weit ist. Wenn Gedanken auftauchen oder sich Gefühle bemerkbar machen, beobachten wir diese, ohne einzugreifen. Während wir das Entspannen und Loslassen üben, kehren wir immer wieder zum Atem zurück und lassen uns von diesem tragen.

Wenn wir diese einfache, aber wirkungsvolle Übung regelmäßig durchführen, so dass sie wie das Zähneputzen zum Alltag gehört, beginnen wir ihre positiven Auswirkungen zu spüren. Die Eindrücke des Tages können wir besser loslassen und schneller aus negativen Mustern und emotionalen Dramen aussteigen. Auf unvorhergesehene Ereignisse reagieren wir gelassener und gehen geschickter mit auftauchenden Schwierigkeiten um.

Regelmäßig Pausen einlegen

Zusätzlich zum Entspannen und Loslassen ist es wichtig, während des Tages Pausen einzulegen. Statt rastlos von einem Termin zum nächsten zu jagen, dazwischen schnell einen Kaffee runterzustürzen und ein Sandwich zu verdrücken, nehmen wir uns immer wieder Zeit und machen Pausen. Diese müssen nicht lange sein. Worauf es ankommt, ist, dass wir den Alltagstrott unterbrechen, alle Aufgaben und Pflichten auf die Seite legen, den Kopf leeren und für einen Moment nichts tun. Für die Pausen können wir uns auf einen Stuhl setzen und dabei eine bequeme Haltung einnehmen. Ist dies nicht möglich, können wir auch im Stehen eine Pause einlegen. Wenn wir uns in einem Raum mit einem Fenster befinden, richten wir den Blick nach draußen. Die Ausrichtung hinaus in die Natur schafft innerlich Raum und unterstützt das Entspannen. Während wir pausieren, atmen wir einige Male ganz bewusst ein und aus und lassen alles los, woran wir festhalten und was uns beschäftigt. Von den Pausen gestärkt, gehen wir mit frischen Kräften und mit einem klaren Kopf zurück zur Arbeit. Da wir offen und entspannt sind, können wir die an uns gestellten Aufgaben viel besser bewältigen.

Wie mit allen Übungen, die wir durchführen, um bei Kräften zu bleiben und das innere Gleichgewicht beizubehalten, ist es auch bei den Pausen wichtig, dass wir spielerisch und humorvoll vorgehen. Wir unterlassen es, aus dem Pauseneinlegen ein rigides Programm zu machen und uns unter Druck zu setzen. Wo immer möglich, bei der Arbeit im Büro, während einer Teamsitzung, beim Warten in der Schlange vor der Kasse im Warenhaus, nach dem Mittagessen oder auf der Heimfahrt von der Arbeit im Zug, nehmen wir uns Zeit und legen eine Pause ein. Das Pauseneinlegen und bewusste Nichtstun ist heilsam und gesundheitsfördernd. Es hilft den Kopf zu leeren, Stress abzubauen und Energie zu tanken. Um einen möglichst großen Nutzen aus dem Pauseneinlegen zu ziehen, ist es ratsam, dieses in den Alltag einzubauen und das bewusste Pausieren zur Gewohnheit zu machen.

Hobbys beibehalten

Hobbys sind persönlich bedeutsame Tätigkeiten, die den Alltag bereichern und die Lebensqualität steigern. Hobbys bringen uns auf andere Gedanken und lassen uns den Alltagsstress vergessen. Hobbys regen an. Sie erfüllen uns mit Zufriedenheit und Freude. Hobbys haben einen weiteren großen Nutzen. Sie ermöglichen uns, neue Fähigkeiten zu entwickeln, bestehendes Wissen zu vertiefen, handwerkliches Geschick zu erlangen und Selbstvertrauen aufzubauen.

Obwohl unsere Hobbys uns lieb und teuer sind, geraten diese in Krisenzeiten leicht in Vergessenheit. Da wir erschöpft sind, fällt es uns schwer, uns aufzuraffen und den Hobbys nachzugehen. Um unser schlechtes Gewissen zu beruhigen, nehmen wir uns vor, diese wieder aufzunehmen, sobald es uns besser geht und wir wieder bei Kräften sind. Wenn wir feststellen, dass wir aufgrund von Zeit- und Energiemangel unsere Hobbys vernachlässigen, sollte dies ein Alarmzeichen sein. Das Vernachlässigen oder gar Aufgeben der Hobbys kann bedeuten, dass wir dabei sind, uns selber zu verlieren und statt zu leben nur noch funktionieren. Um dieser Tendenz entgegenzuwirken, ist es ratsam, sich an Vereinbarungen zu halten und auch in schwierigen Zeiten die Hobbys zu pflegen.

Ressourcen fördern

Ressourcen sind Quellen, aus denen wir Inspiration und Kraft schöpfen können. Ressourcen helfen uns, die an uns gestellten Aufgaben zu bewältigen, Hindernisse aus dem Weg zu räumen und unser Dasein sinnvoll zu gestalten. Ressourcen haben eine weitere wichtige Funktion. Als potente Kraftquellen schaffen sie in uns eine energetisch positive Atmosphäre. Diese Atmosphäre spielt eine zentrale Rolle in unserem Leben. Zum einen schützt sie uns vor Störungen und negativen Einflüssen. Zum anderen trägt sie maßgeblich dazu bei, dass wir uns körperlich gesund und geistig vital fühlen und den Alltag bewältigen können.

Wenn wir mit den Ressourcen in Kontakt sind und diese fließen, geht es uns gut. Wir fühlen uns kräftig und haben Witz und Humor. Wir besitzen ein gesundes Selbstwertgefühl und blicken voller Zuversicht in die Zukunft. Wenn wir den Bezug zu den Ressourcen verloren haben und diese versiegt sind, fühlen wir uns geschwächt und sind unsicher. Ohne vitale Kraftquellen haben wir Mühe, uns vom Alltagsstress zu erholen und Ruhe zu finden. Wir neigen dazu, Unannehmlichkeiten auszuweichen und Schwierigkeiten aus dem Weg zu gehen. Weil Ressourcen für das Wohlergehen und die Gesundheit von zentraler Bedeutung sind, ist es wichtig, dass wir uns regelmäßig Zeit nehmen, um uns mit diesen zu verbinden und diese zu fördern.

Ressourcen lassen sich in zwei Gruppen unterteilen: äußere und innere. Zu den äußeren Kraftquellen gehören gute Freunde, die Familie, bedeutsame Personen, Gruppenzugehörigkeit, Hobbys, soziales Engagement, aber auch karitative Tätigkeiten. Auch die Arbeit kann eine Kraftquelle sein. Zu den inneren Ressourcen zählen persönliche Fähigkeiten, spezielle Begabungen, der eigene Glaube, die Religion oder die Spiritualität. Um bei Kräften zu bleiben und das innere Gleichgewicht zu behalten, müssen wir nicht nur die äußeren Ressourcen pflegen, sondern uns auch um die inneren kümmern. Wenn wir dies tun, fühlen wir uns vom Leben getragen und sind körperlich und psychisch stark. Alltägliche Aufgaben bewältigen wir mit Leichtigkeit und Schwierigkeiten lösen wir geschickt auf. Den Mitmenschen begegnen wir freundlich und wohlwollend und gehen offen und interessiert auf die Welt zu.

Dem Alltag eine sinnvolle Struktur geben

Strukturen sind bedeutsam und für die Alltagsbewältigung unerlässlich. Eine sinnvolle Tagesstruktur schafft Klarheit und gibt Halt. Strukturen können mit einem treuen Begleiter verglichen werden, der uns auf Kurs hält und uns immer wieder daran erinnert, das eigene Wohlergehen nicht aus den Augen zu verlieren. Struktur in den Alltag bringen wird oft missverstanden und mit Beengung oder Zwang in Verbindung gebracht. Struktur in den Alltag bringen ist alles andere als das. Struktur in den Alltag bringen ist Ausdruck von Weisheit, denn sie unterstützt uns darin, bei Kräften zu bleiben, das Leben zu meistern und für unsere Gesundheit zu sorgen.

Wenn uns eine sinnvolle Tagesstruktur fehlt, hat dies einschneidende Konsequenzen. Wir laufen Gefahr, die Orientierung zu verlieren, auf Irrwege zu geraten und uns unnötig zu verausgaben. Wir haben Schwierigkeiten, die Übersicht zu bewahren, haushälterisch mit den Kräften umzugehen und zu erkennen, was uns gut tut und was uns schadet. Wenn wir über keine sinnvolle Tagesstruktur verfügen, haben wir Mühe, Störungen aufzulösen, unangenehme Vorkommnisse abzuwenden und uns sicher im Leben zu verankern. Und nicht zuletzt sind wir ohne sinnvolle Struktur ungeschützt.

Wie aber sieht eine sinnvolle Tagesstruktur aus? Sie beginnt am Morgen und endet am Abend. Es ist hilfreich, sich bereits beim Aufwachen an eine gute Struktur zu halten. Statt kaum, dass wir erwachen, uns Sorgen zu machen und Probleme zu wälzen, üben wir das Entspannen und Loslassen. Wenn wir dies schon zur frühen Morgenstunde tun, gehen wir den Tag gelassen an und geben dem Leben eine positive Ausrichtung. Während des Vormittages machen wir immer wieder kurze Pausen. Wir entspannen uns, bauen Stress ab und tanken Energie. Am Mittag nehmen wir uns genügend Zeit für eine Mahlzeit und gönnen uns danach eine kurze Ruhepause. Im Laufe des Nachmittages halten wir immer wieder kurz inne, entspannen uns und verbinden uns mit den Ressourcen. Am Abend zu Hause genießen wir das Zusammensein mit der Familie, unternehmen einen kurzen Spaziergang, widmen uns den Hobbys oder lesen ein inspirierendes Buch. Vor dem Schlafengehen nehmen wir uns erneut Zeit und üben das Entspannen und Loslassen. Am Ende der Woche halten wir kurz Rückschau auf die vergangene Woche. Wir verschaffen uns Klarheit darüber, wo wir im Augenblick stehen und was wir für unser Wohlergehen benötigen. Abhängig von der Situation, in der wir uns befinden, und in Übereinstimmung mit den persönlichen Möglichkeiten gestalten wir den Tag in der oben beschriebenen oder ähnlichen Weise.

Beziehungen pflegen

Beziehungen sind das halbe Leben. Aus einer Beziehung sind wir hervorgegangen und durch Beziehungen haben wir uns körperlich, emotional, geistig und psychisch entwickelt. Im Beziehungskontext haben wir uns grundlegende Fähigkeiten erworben und gelernt, wie wir uns in der Gemeinschaft zu verhalten und welche Rollen wir zu erfüllen haben. In Beziehungen haben wir bedeutsame Erfahrungen gesammelt, die unser Fühlen, Denken und Handeln geprägt haben und die uns zu sozialen Wesen werden ließen. Unterstützt durch Beziehungen haben wir Wichtiges über das Dasein erfahren und sind zu der Person geworden, die wir heute sind.

Die große Bedeutung von Beziehungen kann nicht genug hervorgehoben werden. Beziehungen sind wertvolle Stützen, auf die wir bauen können. Beziehungen nähren uns seelisch und bereichern uns geistig. In Beziehungen erfahren wir Verständnis, Nähe, Geborgenheit und Liebe. Beziehungen tragen maßgeblich dazu bei, dass wir unser Potential entfalten können und wir zu verantwortungsvollen Menschen werden. Damit Beziehungen gelingen, muss der Kontakt offen und lebendig sein und müssen wir die Möglichkeit haben, unsere Einzigartigkeit zu leben.

Obwohl Beziehungen für unser Wohlergehen von zentraler Bedeutung sind, vergessen wir dies schnell. Wenn wir uns an den Partner, die Partnerin gewöhnt haben und ihn oder sie zu kennen glauben, betrachten wir die Beziehung nicht mehr als etwas Besonderes und Kostbares, sondern als etwas Alltägliches und Selbstverständliches. Wir vernachlässigen die Beziehung und leben stumm nebeneinander her. Wir fühlen uns einsam und leiden. Leicht entstehen Missverständnisse und Verletzungen. Häufig braucht es eine Krise, dass uns bewusst wird, wie kostbar Beziehungen sind und wie leichtfertig wir mit diesen umgehen. Beziehungen, und dies sollten wir uns immer in Erinnerung rufen, sind nichts Selbstverständliches, sondern ein Geschenk. Wir können uns glücklich schätzen, wenn wir einen

Partner, eine Partnerin zur Seite haben, der oder die für uns da ist, mit uns den Alltag teilt und uns liebt, so wie wir sind.

Besonders in schwierigen Zeiten wird uns bewusst, wie wertvoll Beziehungen sind. In Beziehungen erhalten wir Unterstützung und Anteilnahme, wenn wir uns unsicher fühlen. In Beziehungen erfahren wir Verständnis und Wärme, wenn wir verwirrt sind und nicht mehr weiter wissen. In Beziehungen kommen uns Trost und Mitgefühl entgegen, wenn Ängste uns plagen und wir in seelische Not geraten. Auf Beziehungen können wir uns abstützen, wenn wir uns müde fühlen und erschöpft sind. Aus Beziehungen können wir Kraft und Inspiration schöpfen, wenn wir dabei sind, den Mut und die Hoffnung zu verlieren. Weil Beziehungen bedeutsam sind und maßgeblich zum körperlichen und emotionalen Wohlergehen beitragen, sollten wir uns bewusst Zeit nehmen und diese pflegen.

Dran bleiben

Haben wir eine schwierige Lebensphase gemeistert oder eine Krise überstanden, sind wir froh und erleichtert zugleich. Dass es uns wieder gut geht, darüber sollten wir uns unbedingt freuen. Doch wir sollten wach sein und achtsam bleiben. Denn sobald es wieder rund läuft im Leben, wächst die Gefahr, dass wir nachlässig werden und die Krise in Vergessenheit gerät. Als ob nie etwas geschehen wäre, hetzen wir wieder durch den Tag. Wir unterlassen es, Pausen einzulegen, uns Zeit für das Mittagessen zu nehmen und uns an eine sinnvolle Struktur zu halten. Schneller, als uns lieb ist, geraten wir ins alte Fahrwasser.

Weshalb ist dies so? Weshalb fällt es uns so schwer, uns um das persönliche Wohlergehen zu kümmern und eine gesundheitsfördernde Lebenshaltung einzunehmen? Weshalb sind wir nach einer überstandenen Krise nicht weise genug und unternehmen alles, um bei Kräften zu bleiben und nicht erneut in Schwierigkeiten zu geraten? Ein Hauptgrund ist, dass wir es nicht gewohnt sind, auf uns selber zu hören, und wir Mühe haben, eine gesunde Balance zwischen Stress und Entspannung zu finden. Wir haben gelernt, hart mit uns selber zu sein und gut über die Runden zu kommen. Wir wissen, was wir tun müssen, um unsere Ziele zu erreichen und im Beruf vorwärtszukommen. Was wir nicht gelernt haben, ist, so zu leben, dass es uns körperlich gut geht, wir geistig klar sind und wir uns emotional ausgeglichen fühlen. Grundlegende Themen wie Zufriedenheit, Wohlergehen, Glück und innerer Frieden haben keinen Platz. Diese verschieben wir auf später, wobei wir uns mit der Vorstellung von einer erfüllten Zukunft ohne Stress und Spannungen trösten.

Haben wir eine schwierige Lebensphase oder Krise bewältigt, ist es wichtig, dass wir dran bleiben und Tätigkeiten beibehalten, die uns gut tun und aus denen wir Freude und Inspiration schöpfen. Wenn wir dran bleiben, sind wir wach und achtsam. Wenn wir dran bleiben, spüren wir, wie es uns geht und wo im Leben wir stehen. Wir wissen, was uns gut tut, was uns schadet und was wir für unser Wohlbefinden benötigen. Wenn wir dran bleiben, schützt uns dies davor, das eigene Wohlergehen aus den Augen zu verlieren, auf Abwege zu geraten und früher oder später erneut in eine Krise zu rutschen.

9. DAS LEBEN MEISTERN

Frau Kellers Geschichte

Frau Keller ist allein erziehende Mutter zweier Mädchen, die vierzehn und fünfzehn Jahre alt sind. Sie arbeitet als Teilzeitangestellte in einem Reisebüro. Zwölf Jahre war sie verheiratet gewesen. Mit ihrem Mann und den Kindern bewohnte sie ein Reiheneinfamilienhaus an der Peripherie einer größeren Stadt. Frau Keller war zu Hause und kümmerte sich um die Kinder und den Haushalt. Herr Keller, ein introvertierter Mann, war Anwalt. Er hatte eine leitende Stelle in einem international tätigen Konzern. Als die Kinder in die Oberstufe kamen, traten Spannungen auf, und es gab zwischen Frau Keller und ihrem Mann immer öfter Konflikte. Der Hauptgrund waren Gefühle der Entfremdung und Distanziertheit in der Beziehung. Frau Keller fühlte sich von ihrem Mann, der beruflich viel unterwegs war und oft bis spät in die Nacht hinein arbeiten musste, zu wenig wahrgenommen und im Stich gelassen.

Obwohl sie über die Beziehung sprachen und versuchten, die Schwierigkeiten auszuräumen, blieben diese bestehen und kam es nicht zu einer Annäherung. Um den Spannungen zu Hause auszuweichen, flüchtete sich Herr Keller in die Arbeit. Er war froh, wenn es in der Familie rund lief und er weder von seiner Frau noch den Kindern gefordert wurde. Frau Keller, die den ganzen Tag zu Hause war, hatte weniger Möglichkeiten, sich abzulenken und die sie belastende Situation zu vergessen. Um

*zu entspannen und den Alltagsstress loszulassen, war sie kör-
perlich aktiv. Zweimal die Woche ging sie hinaus und joggte
durch den Wald. Jeden Mittwochmorgen nahm sie an einer
Yogagruppe teil.*

*Die Beziehungssituation, insbesondere die Gefühle der Dis-
tanziertheit und Entfremdung, machten Frau Keller je länger
desto mehr zu schaffen. Sie fühlte sich verzweifelt, traurig, aber
auch wütend. Was Frau Keller zusätzlich belastete, war, dass
auch die Kinder unter den angespannten Verhältnissen litten.
Sie hatte Schuldgefühle und ein schlechtes Gewissen. Als Frau
Keller Mühe mit dem Schlaf bekam und körperliche Symptome
auftraten, begann sie sich ernsthafte Sorgen um ihre Gesundheit zu machen. Sie suchte ihren Hausarzt auf und sprach mit
ihm über ihre Situation. Dieser verschrieb ihr ein beruhigendes
Mittel und riet ihr zu einer Paartherapie. Frau Keller befolgte
den Rat und meldete sich und ihren Mann bei einer Paarthe-
rapeutin an. Obwohl auch Herr Keller einsah, dass sie Probleme hatten, fiel es ihm schwer, den Schritt in die Therapie
zu machen. Er war der Meinung, dass sie keine fremde Hilfe
benötigten und sich alles von selber wieder einrenken würde.*

*In der Paartherapie wurde schnell klar, dass die Entfremdung
groß und die emotionale Distanz zwischen beiden tief war. Im
Laufe der Jahre hatte sich in der Beziehung ein Graben geöff-
net. Dieser trennte sie voneinander und trug maßgeblich zum
Entstehen der negativen Gefühle, der Spannungen und der Konflikte bei. Frau Keller war froh über die therapeutische Unterstützung. In der Paartherapie fühlte sie sich mit ihren Anliegen, Wünschen und Bedürfnissen ernstgenommen. Frau Keller
schätzte es, einen Raum zu haben, in dem sie über die Probleme*

sprechen konnte, und sie ein Gegenüber hatte, das sie und ihren Mann auf einfühlsame und kompetente Weise begleitete.

In der Paartherapie übernahm Frau Keller den aktiven Part. Sie war es, die die heiklen Themen ansprach und versuchte, die Beziehung wieder in Gang zu bringen. Herr Keller seinerseits verhielt sich passiv und stand innerlich auf der Bremse. Er hatte Mühe, über seine Gefühle zu sprechen und sich auf seine Frau, die er oft nicht verstand und die für ihn zu hohe Ansprüche hatte, einzulassen. Herr Keller war schnell überfordert, wenn es um Gefühle und Probleme ging. Er neigte dazu, Probleme zu verharmlosen und unangenehmen Situationen auszuweichen. Herr Keller war in einer Familie aufgewachsen, in der man nicht über Gefühle sprach, keine Schwäche zeigen durfte und Leistung und Erfolg zählten.

Mit Unterstützung der Paartherapie begann sich die Situation zwischen Herrn und Frau Keller zu beruhigen. Das Zusammensein wurde leichter und war nicht mehr so spannungsgeladen. Herr und Frau Keller nahmen sich Zeit füreinander und waren bemüht, die Beziehung zu pflegen. Obwohl sie versuchten, den Graben zu überwinden, blieben die Entfremdung und Distanz bestehen. Frau Keller hatte gehofft, dass sich die Schwierigkeiten ausräumen ließen und sie wieder zueinander finden würden. Da ihre Erwartungen sich nicht erfüllten, fühlte sie sich enttäuscht und entmutigt. Sie, die die treibende Kraft gewesen war, musste erkennen, dass sich in der Beziehung kaum etwas änderte und die Bemühungen wenig fruchteten.

Was Frau Keller zusätzlich belastete, war, dass die körperlichen Beschwerden, allen voran die Kopfschmerzen, die vor-

übergehend zurückgegangen waren, erneut auftauchten. Da Frau Keller so nicht mehr weiterleben wollte und konnte und sie keinen anderen Weg sah, entschied sie sich schweren Herzens für eine Trennung. Dieser Schritt fiel ihr gar nicht leicht. Ihr war bewusst, dass sie damit die Familie auseinanderriss und für sie und die Kinder eine schwierige Zeit anbrechen würde.

Frau Keller und die Kinder konnten im Haus bleiben. Herr Keller zog aus und nahm sich eine Wohnung in der Stadt. Frau Keller war froh, dass sie die Umgebung nicht zu wechseln brauchte und die Kinder weiterhin die gleiche Schule besuchen konnten. Eine große Entlastung in dieser schwierigen Zeit war die Mutter von Frau Keller, die ganz in der Nähe wohnte. Als Herr Keller ausgezogen war, sprang sie ein und wurde zu einer wichtigen Stütze. Sie half im Haushalt, besorgte den Einkauf und kümmerte sich um die Kinder. Mit Unterstützung ihrer Mutter und anderer Mütter, die in der Nähe wohnten und wo immer möglich einsprangen, schaffte es Frau Keller, den Alltag zu bewältigen und über die Runden zu kommen. Obwohl Frau Keller immer wieder an ihre Grenzen stieß, Ängste auszustehen hatte und befürchtete, es nicht zu schaffen, gelang es ihr, Haushalt, Kinderbetreuung und Beruf unter einen Hut zu bringen.

Als die schwierige Anfangsphase überstanden war, kehrte Ruhe ein. Frau Keller und die Kinder kamen immer besser mit der neuen Situation zurecht. Um die Beziehung zum Vater zu pflegen, trafen die Kinder ihn regelmäßig. Jedes zweite Wochenende verbrachten sie bei ihm. Nach der Trennung entspannte sich die Situation zwischen Herrn und Frau Keller. Da sie keine Erwartungen mehr aneinander hatten und jeder seinen eigenen Weg ging, kam es weder zu gegenseitigen Anschuldigungen noch kräftezehrenden Auseinandersetzungen. Wenn sie sich trafen, konnten sie gut miteinander sprechen und Angelegenheiten, die sie und die Kinder betrafen, in gegenseitigem Einvernehmen regeln.

Ein halbes Jahr nach dem Auszug ihres Mannes aus dem Haus begann sich Frau Keller unwohl zu fühlen. Die Trennung war emotional aufreibend gewesen und hatte sie viel Substanz gekostet. Obwohl ihre Mutter ihr half und Frau Keller seitens ihrer Nachbarinnen viel Unterstützung erhielt, konnte sie nicht verhindern, dass ihre Kräfte und Energien schwanden und sie sich immer müder und erschöpfter fühlte. Zu spüren bekam sie dies dadurch, dass sie immer mehr Schlaf benötigte, morgens Probleme hatte aufzustehen und die Bewältigung des Alltages schwieriger wurde. Wiederholt litt sie unter Kopfschmerzen und Migräneattacken und musste sich ins Bett legen. Frau Keller versuchte die Erschöpfung wegzustecken und den körperlichen Beschwerden keine Beachtung zu schenken. Sie kämpfte sich durch den Alltag und versuchte durchzuhalten.

Da die Anzeichen sich mehrten, dass mit ihrer Gesundheit etwas nicht in Ordnung war, wandte sich Frau Keller erneut an ihren Hausarzt. Dieser diagnostizierte ein Burnout und riet ihr dringend, eine Pause einzulegen, um sich zu erholen und eine mögliche Erschöpfungsdepression abzuwenden. Frau Keller fühlte sich erschlagen, als sie die Diagnose hörte. Sie hatte sich so Mühe gegeben und so sehr gehofft, dass sie es schaffen würde, diese schwierige Phase zu überstehen. Obwohl Frau Keller mit ihrem Schicksal haderte, erkannte sie den Ernst der Lage. Ihr war bewusst, dass es so nicht weitergehen konnte und *sie im Interesse ihrer Gesundheit etwas unternehmen musste. Trotz schlechtem Gewissen, trotz der Angst, als Mutter versagt zu haben und die Kinder im Stiche zu lassen, entschied sich Frau Keller, sich in einer Klinik, die auf die Burnoutproblematik spezialisiert war, behandeln zu lassen.*

Der Abschied von zu Hause fiel ihr nicht leicht. Ihr taten die Kinder leid, die nach der Trennung erneut mit einer schwierigen Situation konfrontiert wurden. Schweren Herzens verließ Frau Keller die Kinder und ihre Mutter und machte sich auf den Weg in die Klinik. Obwohl der Ort ihr fremd war, sie dort niemanden kannte und nicht wusste, was sie erwarten würde, fühlte sie sich bei der Ankunft wohl. Es half ihr sehr, dass sie freundlich empfangen und auf einfühlsame Weise in den Klinikalltag eingeführt wurde. Frau Keller war froh, dass ihr ein Einzelzimmer zugewiesen wurde. Dies bot ihr die Möglichkeit, sich zurückzuziehen, ungestört zu sein und Zeit für sich selber zu haben.

In der Klinik gab es einen klar geregelten Tagesablauf. Es wurden verschiedene Aktivitäten angeboten, aus denen Frau Keller auswählen konnte. Da sie schon immer gerne töpfern wollte, ihr die Zeit dafür jedoch fehlte, entschied sie sich für eine Töpfergruppe. Das tat ihr gut. Beim Töpfern konnte sie entspannen und alles Belastende vergessen. Beim Töpfern tauchte sie in eine Welt ein, aus der sie Kraft und Energie schöpfen konnte und die sie auf andere Gedanken brachte.

Ebenfalls zum Klinikalltag gehörten regelmäßige Sitzungen mit einer Psychotherapeutin und die Teilnahme an einer Gesprächsgruppe mit anderen Betroffenen. In der Einzeltherapie befasste sich Frau Keller mit den psychischen Schwierigkeiten und deren Ursachen. Sie ergründete ihre Grundmuster und lernte die Zusammenhänge zwischen diesen und der Erschöpfung verstehen. In der Psychotherapie wurden auch die Zeit mit ihrem Mann und die Trennung nochmals aufgerollt und durchleuchtet. In aller Ruhe konnte sich Frau Keller mit den damaligen Vorkommnissen befassen, zurückgehaltene Gefühle ausdrücken, schmerzhafte Erlebnisse auflösen und sich von seelischen Altlasten befreien. Die Teilnahme an der Gesprächsgruppe war für Frau Keller nicht immer einfach. Doch es tat ihr gut, sich in der Gruppe auszutauschen und zu erfahren, dass sie mit ihrem Schicksal nicht alleine war. Dies gab ihr Kraft und stärkte ihr Selbstvertrauen. Das Hören der Geschichten der anderen Gruppenmitglieder löste auch unangenehme Erinnerungen und schmerzhafte Gefühle aus.

Zusätzlich zu der Gesprächsgruppe nahm Frau Keller auch an einer Entspannungsgruppe teil. In dieser lernte sie einfache, aber wirkungsvolle Methoden kennen, die ihr halfen, Stress abzubauen, körperliche Spannungen aufzulösen, Ruhe zu finden, die Ressourcen zu fördern und Energie zu tanken. Die Entspannungsgruppen, die jeweils morgens und abends stattfanden, taten Frau Keller gut. Nicht nur konnte sie das Entspannen und Loslassen vertiefen, sondern es gelang ihr auch, eine hartnäckige innere Unruhe, die sie seit langer Zeit mit sich herumtrug, abzulegen.

Was Frau Keller am Klinikalltag schätzte, war, dass es keinen Druck gab, sie sich frei fühlte und viel Zeit für sich selber hatte. Das Zeithaben war Balsam für Körper, Seele und Geist. Das Zeithaben kam ihr wie ein Geschenk vor, das sie sich immer gewünscht hatte. Das Zeithaben ermöglichte ihr, ungestört zu lesen, längere Spaziergänge durch den Wald zu machen und in aller Ruhe mit anderen Personen zu sprechen. In ihrem Inneren wurde es weit und hell, und Ruhe kehrte ein. Frau Keller realisierte, unter welch enormem Druck sie gestanden hatte und wie viel Kraft und Energie sie die letzten Jahre, ganz besonders die Trennung und die schwierige Phase danach, gekostet hatten. Frau Keller wurde bewusst, dass sie aufgehört hatte zu leben und nur noch funktionierte.

Die Psychotherapie, die verschiedenen Gruppen, die Gespräche mit Betroffenen, das Zeithaben und die Spaziergänge draußen in der Natur trugen maßgeblich dazu bei, dass es Frau Keller mit jedem Tag besser ging. Nachts konnte sie wieder problemlos schlafen. Morgens fühlte sie sich erholt und ausgeruht und freute sich auf den neuen Tag. Die Sorgen und Ängste, die ihr zu schaffen gemacht hatten, verschwanden, und die Dünnhäutigkeit und Energielosigkeit lösten sich auf. Das Selbstvertrauen und die Lebensfreude, die ihr abhanden gekommen waren, kehrten zurück und wurden mit jedem Tag stärker. Frau Keller hatte wieder festen Boden unter den Füßen und fühlte sich wohl in ihrer Haut. In Absprache mit den sie betreuenden Ärzten und Psychotherapeuten entschied sich Frau Keller sechs Wochen nach Klinikeintritt, den geschützten Ort zu verlassen.

Frau Keller hatte Befürchtungen bezüglich der Zukunft, doch die Freude, heimzukehren, die Kinder zu sehen und mit diesen den Alltag zu teilen, überstrahlte alles. Das Wiedersehen war überwältigend. Frau Keller, die vor dem Klinikeintritt wie versteinert gewesen war und sich selber nicht mehr spüren konnte, war tief berührt, als sie die Kinder in die Arme schloss. Da sie wieder bei Kräften war und es ihr psychisch gut ging, konnte sie sich auf die Kinder einlassen und an deren Leben teilhaben. Frau Keller war überglücklich, dass es ihr gelungen war, sich aus der Krise, die ihren Alltag zur Qual werden ließ, zu befreien, und sie wieder ins Leben zurückgefunden hatte.

Um die kritische Übergangsphase nach dem Klinikaufenthalt gut zu bewältigen und ein seelisches Abstürzen zu vermeiden, erhielt Frau Keller psychotherapeutische Unterstützung. Die psychotherapeutische Begleitung war wichtig und nötig, denn auf Frau Keller warteten viele Aufgaben und große Herausforderungen. So musste sie sich erneut im Alltag zurechtfinden, das Zusammensein mit den Kindern regeln, sich um deren Wohlergehen kümmern und liegengebliebene Angelegenheiten aufarbeiten. Sechs Wochen später, nachdem sich Frau Keller gut eingelebt hatte, nahm sie die Teilzeitarbeit im Reisebüro wieder auf. Die beiden Nachmittage, die sie im Reisebüro verbrachte, taten ihr gut. Sie ermöglichten ihr, hinauszugehen, andere Leute zu treffen und beruflich wieder Fuß zu fassen. Frau Keller erhielt weiterhin Unterstützung von ihrer Mutter und ihren Nachbarinnen. Ihre Mutter, die sich seit dem Auszug ihres Mannes um den Haushalt und die Kinder gekümmert hatte, wohnte nun fest im Haus und half, wo immer sie konnte.

In der Klinik war Frau Keller bewusst geworden, dass sie unbedingt auf ihre Gesundheit achten musste. Damit es nicht bei gut gemeinten Absichten und leeren Worten blieb, hielt sie sich an Abmachungen. Morgens und abends nahm sie sich Zeit, um zu entspannen, und legte während des Tages immer wieder Pausen ein. Einmal die Woche ging sie ins Yoga und machte jeden dritten Tag einen längeren Spaziergang durch den Wald. Frau

Keller, die in der Klinik das Töpfern kennen gelernt und damit eine verborgene Leidenschaft entdeckt hatte, richtete sich im Keller ihres Hauses ein kleines Töpferatelier ein. Wann immer sie konnte, zog sie sich dorthin zurück und verbrachte viel Zeit mit ihrem neuen Hobby. Mit Hilfe ihrer Mutter, Unterstützung der Frauen aus der Nachbarschaft und einer sinnvollen Tagesstruktur, die ihr Halt und Orientierung gab, gelang es Frau Keller, bei Kräften zu bleiben und den Alltag gut zu bewältigen.

Das Wichtigste: Sich neu ausrichten

Unser Leben ist alles andere als ruhig oder gar beschaulich. Kaum dass wir morgens aufwachen, geht es los. Nach dem Aufstehen müssen wir das Frühstück bereitstellen, schauen, dass die Kinder rechtzeitig zur Schule kommen, und uns um den Haushalt kümmern. Danach müssen wir Einkäufe tätigen, das Mittagessen vorbereiten und die kommende Woche planen. Wir müssen uns um Termine kümmern, den Kindern bei den Aufgaben helfen und Probleme, die der Alltag mit sich bringt, lösen. Wenn wir arbeitstätig sind, müssen wir zur Arbeit fahren, die Aufgaben, die uns zugetragen wurden, erledigen, an Sitzungen teilnehmen und uns beruflich weiterbilden. Wenn wir abends nach Hause kommen, möchten wir noch etwas vom Tag und der Familie haben. Wir sprechen mit dem Partner, der Partnerin über die Geschehnisse des Tages, nehmen uns Zeit für die Kinder und gehen den Hobbys nach. Am Weltgeschehen interessiert, lesen wir die Tageszeitung oder schauen die Nachrichten im Fernsehen. Neben der Familie und dem Beruf haben wir auch ein soziales Leben, um das wir uns kümmern möchten. Wir rufen gute Freunde an, um mit ihnen zu plaudern.

Wir treffen uns mit Bekannten im Ausgang oder besuchen eine Veranstaltung zu einem Thema, das uns interessiert.

Unsere Tage sind voll mit Terminen, Sitzungen, Verpflichtungen und Aufgaben. Während wir durch den Tag gehen, machen wir unterschiedliche Erfahrungen, sammeln Eindrücke aller Art und haben eine Flut von Informationen zu bewältigen. Wir erleben schöne Momente, die uns erfreuen und berühren. Wir stoßen auf unangenehme Vorkommnisse, die uns beschäftigen und aufwühlen. Manchmal fühlen wir uns glücklich und sind mit uns und der Welt im Frieden. Dann wieder fühlen wir uns nachdenklich und machen uns Sorgen. Zu einem späteren Zeitpunkt sind wir ungeduldig und ärgern uns über das Leben.

Das, was uns widerfährt und wir tagaus, tagein erleben, hat einen großen Einfluss auf das körperliche, emotionale, geistige und psychische Wohlergehen. Die Erlebnisse und Eindrücke des Tages können uns stärken und das Leben bereichern. Sie können uns auch schwächen und zu Belastungen werden. Wie wir mit den Erlebnissen umgehen und wie wir auf die alltäglichen Eindrücke reagieren, trägt maßgeblich dazu bei, ob wir uns wohl oder unwohl fühlen und wir zuversichtlich oder pessimistisch in die Zukunft schauen. Damit wir bei Kräften bleiben können, benötigen wir eine fürsorgliche Lebenshaltung. Wir sind auf eine sinnvolle Tagesstruktur angewiesen, müssen Klarheit schaffen, Grauzonen auflösen und Störungen ansprechen. Wenn wir uns zusätzlich von Altlasten trennen und das Leben vereinfachen, unterstützt uns dies dabei.

Nachstehend einige grundlegende Punkte, die helfen, das Leben zu meistern:

Klarheit schaffen

Wenn wir klar sind, fühlen wir uns sicher und stark. Wir verfügen über ein gesundes Selbstvertrauen und gehen geschickt mit den alltäglichen Herausforderungen um. Wenn wir klar sind, spüren wir unsere Gefühle und Bedürfnisse und drücken diese auf angemessene Weise aus. Wir sagen Ja, wenn wir Ja meinen, und Nein, wenn Nein angesagt ist.

Was aber beeinflusst die Klarheit und wie geht diese verloren? Klarheit ist primär eine Sache des Kopfes. Wenn wir wenig Gedanken haben, ist der Kopf frei. Wenn der Kopf frei ist, sind wir entspannt. Wir sind klar und wach und es geht uns gut. In Übereinstimmung mit der inneren Klarheit ist das Fühlen, Denken und Handeln klar. Wenn wir viele Gedanken haben, ist der Kopf voll. Wenn der Kopf voll ist, sind wir verwirrt. Wir verlieren die Wachheit und Klarheit. Die Unklarheit führt zu Unsicherheit. Als Reaktion auf die Unsicherheit beginnt es im Kopf zu drehen. Die Gedanken nehmen zu und damit auch die Sorgen und Befürchtungen. Wir sind unkonzentriert und machen Fehler. Wir sind unentschlossen und handeln zögerlich. Wir haben Mühe, das Wesentliche vom Unwesentlichen zu unterscheiden und das Leben zu meistern.

Um Klarheit in den Alltag zu bringen, müssen wir den Kopf leeren und innerlich offen und weit sein. Die innere Offenheit und Weite erlangen wir durch die an anderer Stelle beschriebenen Übungen, die das Loslassen und Entspannen fördern. Um die Klarheit nicht zu verlieren, ist es wichtig, auf die Worte und Ausdrücke zu achten, die wir im Alltag verwenden. Worte und Ausdrücke haben einen großen Einfluss auf das Fühlen, Denken und Handeln. Sie können die Klarheit fördern oder in die Unklarheit führen. Worte und Ausdrücke wie *vielleicht, irgendwann, irgendwo, manchmal, möglicherweise, kann schon sein, ich weiß nicht, ich kann mich nicht entscheiden* sollten wir meiden und aus unserem Vokabular streichen. Solche Worte und Ausdrücke lassen die Unklarheit anwachsen und nähren die Verwirrung und Unsicherheit.

Denkanstöße:

- Ist dein Fühlen, Denken und Handeln klar?
- Wenn nein, was sind die Ursachen für die Unklarheit?
- In welchen Bereichen und Situationen bist du unklar?
- Welche Auswirkungen hat die Unklarheit auf dein Leben?
- Benutzt du viele der oben beschriebenen Worte und Ausdrücke?
- Wenn ja, streiche diese ein für alle Mal aus deinem Vokabular.

Grauzonen auflösen

Grauzonen sind Situationen, Umstände, Vorkommnisse und Beziehungsverhältnisse, die diffus, nebulös und verschwommen sind. Es fehlt an Transparenz, Offenheit und Klarheit. In Grauzonen entstehen schnell Missverständnisse und kommt es leicht zu Verletzungen. Als optimaler Nährboden für Irrungen und Wirrungen aller Art sind Grauzonen Orte, in denen sich

Sorgen, Befürchtungen und Ängste gut vermehren können und Verwirrung und Unklarheit überhandnehmen. Es fällt uns schwer, uns selber wahrzunehmen und zu sagen, was wir für unser Wohlergehen benötigen. Da wir uns in Grauzonen kaum orientieren, geschweige denn ausrichten können, fühlen wir uns latent unsicher und sind angespannt. Statt klar und wach zu sein, sind wir irgendwo, nicht aber im Hier und nicht im Jetzt. Das ungute Gefühl, neben den Schuhen zu stehen, und bei allem, was wir tun, falsch zu handeln, begleitet uns auf Schritt und Tritt.

Grauzonen sind große Energiefresser. Sie kosten viel Kraft, erschweren die Lebensführung und ziehen die Gesundheit in Mitleidenschaft. Um bei Kräften zu bleiben und ein mögliches Ausbrennen zu vermeiden, ist es wichtig, den Beruf, aber auch den privaten Bereich auf alles Unklare, Nebulöse, Verschwommene und Diffuse hin zu durchleuchten und zu untersuchen, wo Grauzonen existieren und welche Auswirkungen diese auf das Leben haben. Wenn wir uns für die Klarheit entscheiden, entziehen wir allem Nebulösen, Verschwommenen und Diffusen den Boden, und die Grauzonen beginnen sich aufzulösen. Die Verwirrung und Unklarheit nehmen ab. Der Kopf leert sich. Wir sind wach und klar und freuen uns an der Offenheit und Frische des Augenblickes.

Denkanstöße:

- Fehlt es dir an Transparenz, Offenheit und Klarheit?
- Gibt es in deinem Alltag viel Nebulöses, Verschwommenes und Diffuses?
- Wenn ja, was für Auswirkungen hat dies auf dein Leben?

- Wenn das Diffuse, das Nebulöse und das Verschwommene dein Fühlen, Denken und Handeln bestimmen und es viele Grauzonen gibt, setze alles daran, diese aufzulösen.

Störungen ansprechen

Störungen können überall und in allen Bereichen des täglichen Lebens auftreten. Wir können im Beruf, in der Partnerbeziehung, im Kontakt mit den Kindern, innerhalb der Familie, den Nachbarn oder einer bestimmten Gruppe gegenüber Störungen erfahren. Es ist nicht immer einfach, Störungen anzusprechen und aufzulösen. Dies ist besonders dann der Fall, wenn diese tiefgreifend sind, starke Emotionen wecken und uns durcheinanderbringen. Obwohl Störungen unangenehm sind und es manchmal Mut braucht, diese anzugehen, haben sie etwas Positives. Störungen lassen uns im Alltagsgeschehen innehalten und werfen uns auf uns selber zurück. Störungen fordern uns heraus, uns mit einer bestimmten Gegebenheit zu befassen, uns auf diese einzulassen und nach Lösungen zu suchen. Störungen vermitteln uns einen tieferen Einblick in unser Verhalten und ermöglichen uns, negative Grundmuster und kräftezehrende Gewohnheiten aufzugeben.

Störungen tauchen vor allem dort auf, wo wir festhalten, innerlich auf der Bremse stehen und uns gegen das Leben sperren. Störungen machen sich auch in all jenen Bereichen bemerkbar, in denen wir mit dem Leben ringen, auf Grenzen stoßen, das Vertraute und Bekannte hinter uns lassen und wir dabei sind, Neuland zu betreten. Störungen tragen ein großes Potential in sich. Sie führen dazu, dass wir unsere Lebensweise überdenken und die Haltung ändern. Weil Störungen uns wach halten und uns weiterbringen, sollten wir diesen nicht ausweichen. Vielmehr sollten wir uns auf diese einlassen und versuchen zu erkennen, was diese uns sagen wollen.

Das Problem mit Störungen sind nicht die Störungen selber, sondern unsere Umgangsweise. Wenn wir Störungen als lästige Hindernisse betrachten, werden sie zu lästigen Hindernissen. Wenn wir Störungen als Gefahren ansehen, werden sie zu Gefahren. Und wenn wir Störungen ausweichen, werden diese mächtig, nehmen viel Platz ein und beginnen den Alltag auf negative Weise zu beeinflussen. Durch die Überzeugung, die Störungen nicht bewältigen zu können, werden wir unsicher und ängstlich. Situationen und Begegnungen, die zu Störungen führen, meiden und fürchten wir. Statt uns mutig aufs Leben einzulassen, verhalten wir uns vorsichtig und rechnen stets mit dem Schlimmsten.

Wenn wir aufhören, vor Störungen davonzulaufen, wird das Selbstvertrauen tiefer und der Lebensmut nimmt zu. Wenn wir aufhören, Störungen auszuweichen, wird uns bewusst, dass es unsere abwehrende, vermeidende Einstellung ist, die maßgeblich zum Entstehen der Unsicherheit, Spannungen und Ängste beiträgt, und nicht die Störung selber. Im Interesse der eigenen Gesundheit und um nicht unnötig Kraft und Energie zu verlieren, ist es wichtig, dass wir es uns zur Gewohnheit machen, Störungen anzusprechen und aufzulösen.

- Gibt es Störungen, denen du ausweichst und die du nicht anzusprechen wagst?
- Wenn ja, welches sind diese?
- Welchen Einfluss haben die Störungen auf dein Wohlergehen?
- Welche Begründungen und Entschuldigungen benutzt du, um die Störungen am Leben zu halten?
- Sei mutig und entscheide dich hier und jetzt, alle Störungen aufzulösen.

Altlasten aufräumen

Altlasten sind belastende Erlebnisse, Eindrücke und Vorkommnisse, die wir nicht loslassen wollen oder noch nicht loslassen können. Altlasten zehren an den Kräften und können zur Hypothek werden. Altlasten können Schwierigkeiten mit dem alten Chef sein, der uns schlecht behandelt hat, oder die Zurückweisung, die wir seitens eines geliebten Menschen erfahren haben. Auch Zerwürfnisse in der Beziehung zum Partner, zur Partnerin, nicht enden wollende Streitereien mit den Nachbarn, hartnäckige Probleme mit den Eltern, traumatische Ereignisse aus der Jugendzeit, emotionale Verletzungen, entstanden in der Kindheit, oder andere negative Vorkommnisse können zu Altlasten werden.

Weshalb räumen wir nicht auf und befreien uns von den Altlasten? Ein Hauptgrund ist, dass wir dazu neigen, uns zu arrangieren, und am Unerledigten und Negativen festhalten. Da die Altlasten dadurch größer und mächtiger werden und viel Raum einnehmen, haben wir immer mehr Mühe, uns von diesen zu trennen. Unsere Schwierigkeiten, die Altlasten loszulassen, rechtfertigen wir damit, dass wir uns einreden, alles sei nur halb so schlimm, dass wir gut mit dem inneren Gerümpel leben könnten und es uns trotz der Schwierigkeiten gut gehe. Doch wir täuschen uns. Vergleichbar einem Wanderer mit einem voll bepackten Rucksack auf dem Rücken sind wir unterwegs. Statt schwer beladen durchs Leben zu gehen und uns dabei zu verausgaben, sollten wir den Rucksack leeren und uns von allen unnötigen Lasten und allem alten Ballast ein für alle Mal befreien.

Wenn wir aufräumen und uns von den Altlasten trennen, hat dies positive Auswirkungen. Vom alten Gerümpel befreit, gewinnen wir innerlich Raum. Wir können entspannen und loslassen. Der Kopf, der voll war, leert sich und wird frei. Subtile körperliche Spannungen, latente Gefühle der Unsicherheit und wiederkehrende Befürchtungen, die uns zu schaffen machen, lösen sich auf. Das Fühlen, Denken und Handeln wird klarer und das Zusammensein mit den Mitmenschen leichter. Und was ganz wichtig ist: Die Kräfte und Energien, die aufgrund des Festhaltens an den Altlasten gebunden waren, stehen uns nun zur Verfügung, und wir können sie für die Bewältigung des Alltages nutzen.

Denkanstöße:

- Gibt es belastende Eindrücke, negative Erlebnisse oder schmerzliche Vorkommnisse, die du mit dir herumträgst?
- Wenn ja, welches sind diese?
- Was hindert dich daran, dich von den Altlasten zu trennen?

- Was musst du tun, um vom inneren Gerümpel frei zu werden?
- Entscheide hier und jetzt, dich von allem zu trennen, was dich belastet und du nicht benötigst.

Das Leben vereinfachen

Unklarheiten, Grauzonen, Störungen und Altlasten belasten den Alltag und erschweren die Lebensführung. Wir verlieren die Übersicht und sehen vor lauter Bäumen den Wald nicht mehr. Wir haben Mühe zu unterscheiden, was wesentlich und was unwesentlich ist. Wir können kaum mehr sagen, was uns gut tut und was uns schadet. Damit nicht genug. Auch die vielen Gegenstände, die wir besitzen und die wir eigentlich gar nicht brauchen, machen uns das Leben schwer. Sie beschränken den Lebensraum und lösen ein schlechtes Gewissen aus, denn wir kommen gar nicht dazu, diese zu schätzen. Und nicht zuletzt verursacht der ganze unnötige Ballast Stress, zieht Leerläufe nach sich und führt zu kräfteraubenden Feuerwehrübungen. Obwohl wir aufräumen und loslassen sollten, horten wir den ganzen Krempel und wissen gar nicht mehr, wo wir diesen in der Wohnung unterbringen oder im Haus verstauen sollen.

Wenn das Dasein kompliziert und der Alltag anstrengend ist, ist dies ein klares Zeichen, dass es Zeit ist, aufzuräumen, Ballast abzuwerfen und das Leben zu vereinfachen. Das Leben vereinfachen bedeutet, dass wir alles Unwichtige, Unnütze, Unnötige und Unbrauchbare, aber auch alle Leerläufe, kräfteraubenden Handlungen, schlechten Gewohnheiten und einengenden Muster ein für alle Mal verbannen. Um das Leben zu vereinfachen, durchforsten wir den Alltag und fragen uns, was wir wirklich brauchen und behalten wollen und was wir aufgeben müssen und loslassen können.

Um die Theorie in die Praxis umzusetzen, untersuchen wir den Beruf und privaten Bereich bezüglich der Abläufe, Gewohnheiten, Muster, aber auch der Zeitpläne. Während wir dies tun, fragen wir uns, was wichtig ist und was wir benötigen, was Klarheit schafft und was das Leben vereinfacht. Weiter fragen wir uns, was unnützlich ist und was uns behindert, was uns Kraft und Inspiration gibt und was Energie raubt und uns belastet. Wenn wir dies im Beruf und privaten Bereich getan haben, durchforsten wir auch die Wohnung oder das Haus nach Gegenständen, die wir nicht mehr benutzen und von denen wir wissen, dass wir sie auch in Zukunft nicht benötigen werden. Klarheit schaffen, Grauzonen auflösen, Altlasten aufräumen, eine sinnvolle Struktur in den Alltag bringen und alten Krempel loslassen ist unglaublich befreiend. Es entspannt, schafft Raum zum Leben und Platz zum Sein.

Denkanstöße:

- Führst du ein einfaches oder kompliziertes Leben?
- Wird dieses von viel Unnützem, Unnötigem, Unwichtigem und Unbrauchbarem bestimmt?
- Gibt es in deinem Alltag viele Leerläufe, immer wieder Feuerwehrübungen, belastende Gewohnheiten und schlecht geplante Handlungen, die außer Stress nicht viel bringen?
- Wenn ja, was sind die Ursachen?
- Besitzt du Dinge, die du hortest und nicht benötigst?

- Frage dich, wozu diese gut sind und ob du diese wirklich brauchst.
- Sei dir stets bewusst, dass es befreiend ist, ein klares und einfaches Leben zu führen.

10. FÜR DIE GESUNDHEIT SORGEN

Herrn Kochs Geschichte

Herr Koch ist verheiratet und hat zwei schulpflichtige Söhne. Er arbeitet als Architekt in einer kleinen Architekturgemeinschaft. An seiner vielseitigen Arbeit schätzt er es besonders, knifflige Probleme zu lösen. Wenn er herausgefordert wird, blüht er auf. Er wird kreativ und macht sich mit Leib und Seele daran, innovative Ideen zu entwerfen und diese auf intelligente Weise umzusetzen. Neben dem Beruf und der Familie ist für Herrn Koch auch die Musik wichtig. Als Kind lernte er Klavier spielen, wechselte dann aber zum Cello. Abends nach der Arbeit nimmt er sich regelmäßig Zeit und spielt Werke bekannter Komponisten auf seinem Instrument. Herr Koch besitzt auch ein Segelboot. Im Sommer ist er häufig auf dem Wasser und genießt es, mit dem Boot draußen zu sein. Die Hobbys bedeuten Herrn Koch viel. Sie helfen ihm zu entspannen, den Alltagsstress loszulassen und Kraft und Energie zu tanken.

Wenn es bei der Arbeit rund lief, ging es Herrn Koch gut. Er fühlte sich zufrieden und ausgefüllt. Schwierig wurde es für ihn immer dann, wenn unvorhergesehene Probleme auftraten, die Zeit drängte und es hektisch wurde. Herr Koch, der es gerne ruhig anging, musste bis spät in die Nacht und oft auch an den Wochenenden arbeiten. In solchen Zeiten geriet Herr Koch an

*seine Grenzen und bekam die Auswirkungen des berufsbeding-
ten Stresses hautnah zu spüren. Er fühlte sich fremdbestimmt
und hatte Mühe abzuschalten. Nachts wachte er häufig auf
und hatte schlechte Träume. In seinem Kopf drehte sich alles
um die Arbeit und die ungelösten Probleme. Morgens war er
müde und unausgeruht. Es fiel ihm schwer, den neuen Tag in
Angriff zu nehmen. Er hatte Konzentrationsschwierigkeiten,
reagierte gereizt auf Störungen und verlor leicht die Nerven.
Zudem verspürte er oft Kopfschmerzen und hatte Probleme mit
der Verdauung.*

*Als Herr Koch jünger war, konnte er besser mit der Belastung bei
der Arbeit umgehen. Er nahm alles lockerer und ging die Dinge
gelassener an. Es gelang ihm, die Ruhe zu bewahren, Schwierigkeiten loszulassen und den Stress wegzustecken. Je älter Herr
Koch wurde, desto mehr Mühe bekam er mit dem Zeitdruck,
der Hektik und dem Arbeitsstress. Nicht dass er die geforderten
Leistungen nicht erbracht oder die an ihn gestellten Aufgaben
nicht bewältigt hätte. Mitnichten. Herr Koch, der sehr pflichtbewusst war, nahm sich zusammen, schob das Unwohlsein auf die
Seite und tröstete sich mit der Vorstellung, dass in Zukunft alles
besser werden würde. Mit dem wachsenden Bauvolumen, das er
und das Team zu bewältigen hatten, wurde der Druck von Jahr
zu Jahr größer, und die stressigen Phasen mit Überstunden und
Arbeit bis in die Nacht hinein wurden häufiger.*

*Eine weitere Schwierigkeit, mit der Herr Koch zu kämpfen
hatte, war ein Tinnitus, den er seit zehn Jahren hatte. Herr
Koch war mit seiner Frau an einem Fest gewesen, bei dem
Feuerwerkskörper abgefeuert wurden. Ein Feuerwerkskörper
landete neben ihm und explodierte. Nach dem Vorfall hatte*

Herr Koch ein dumpfes Gefühl ihm rechten Ohr und nahm ein Rauschen wahr. Einen Tag später begann es im Ohr zu pfeifen. Herr Koch wandte sich umgehend an eine HNO-Ärztin und ließ sich eingehend untersuchen. Die Ärztin diagnostizierte ein Gehörtrauma und einen Tinnitus.

Obwohl das Ohrgeräusch unangenehm war, begann sich Herr Koch daran zu gewöhnen, und es gelang ihm immer besser, mit dem Tinnitus zu leben. Als die Belastung bei der Arbeit zunahm und der Zeitdruck und der Stress größer wurden, nahm Herr Koch den Tinnitus stärker wahr. Da Herr Koch Mühe hatte, Ruhe zu finden, und das Ohrengeräusch ihn belastete, wandte er sich erneut an die HNO-Ärztin. Diese untersuchte ihn, konnte jedoch keine Veränderung feststellen. Aufgrund des Gespräches kam sie zum Schluss, dass Herr Koch angespannt war und Anzeichen eines beginnenden Burnouts hatte. Um ein Burnout abzuwenden und nicht in eine Krise zu geraten, riet sie ihm, psychotherapeutische Hilfe in Anspruch zu nehmen.

Herr Koch, der weder mit der Psychologie noch der Psychotherapie etwas anzufangen wusste, war gar nicht erfreut, dies zu hören. Er, der in seinem Leben stets alles im Griff gehabt hatte und immer wusste, wo es lang geht, fiel es schwer, sich einzugestehen, dass er einen Punkt erreicht hatte, wo er auf fremde Hilfe angewiesen war. Trotz Widerständen und Zweifel, ob dies der richtige Ansatz war, nahm Herr Koch Kontakt mit einem Psychotherapeuten auf und begab sich in psychotherapeutische Behandlung.

In der Psychotherapie machte Herr Koch zuerst eine Standortbestimmung, um sich Klarheit über seine Situation zu ver-

schaffen. Dabei kam heraus, dass die Erschöpfung größer und sein Gesundheitszustand kritischer war, als er sich eingestehen wollte. Als Herr Koch mit dem Befund konfrontiert wurde, erschrak er. Ihm wurde bewusst, wie er sich selber etwas vorgemacht und seinen angeschlagenen Gesundheitszustand beschönigt hatte. Obwohl er schon seit längerem gespürt hatte, dass etwas nicht in Ordnung war, blendete er dies aus und hörte nicht auf die Warnsignale des Körpers. Und obwohl er angespannt war, schlecht schlief und sich unwohl fühlte, nahm er sich zusammen und versuchte durchzuhalten. Dass dies der falsche Ansatz war, wurde ihm nun bewusst.

Um Gegenmaßnahmen zu ergreifen und die drohende Krise abzuwenden, begann Herr Koch, mit dem an anderer Stelle beschriebenen Antistress-Lebensplan zu arbeiten. Zuerst untersuchte er den Beruf und danach den privaten Bereich auf alles Unklare, Nebulöse, Verschwommene und Diffuse. Nachdem er dies getan und Klarheit geschaffen hatte, begann er eine sinnvolle Struktur in den Alltag zu bringen und Grauzonen, von denen es viele gab, aufzulösen. Herr Koch, der Unannehmlichkeiten gerne auswich, war bemüht, Störungen anzusprechen und Konflikte anzugehen. Im Wissen um die negativen Folgen von Altlasten setzte er sich ganz gezielt mit diesem Thema auseinander. Eine Altlast war die Beziehung zu seinem Bruder. Seine Eltern, die einen Bauernhof besaßen, hatten ein Stück Land verkauft und das Geld den Kindern schenken wollen. Beim Landverkauf kam es zu Spannungen zwischen den Geschwistern, welche die Beziehungen vergifteten und in einem Streit endeten. Sein Bruder, der sich übergangen fühlte, brach den Kontakt zu ihm und seiner Schwester ab. Obwohl es Herrn Koch gar nicht leicht fiel, setzte er sich hin und schrieb seinem

Bruder einen Brief. Sein Bruder, der nicht damit rechnete, von ihm zu hören, reagierte positiv auf das Schreiben und meldete sich umgehend. Zwei Wochen später trafen sie sich zu einem klärenden Gespräch. Obwohl es hitzig herging, gelang es ihnen, die Missverständnisse zu klären, Verletzungen anzusprechen und die Situation zu bereinigen. Der Kontakt zwischen Herrn Koch und seinem Bruder normalisierte sich und man traf sich wieder bei familiären Anlässen.

Da es Herrn Koch ein großes Anliegen war, bei Kräften und gesund zu bleiben, legte er während des Tages Pausen ein. Morgens und abends machte er die Übungen, die er in der Therapie gezeigt bekam. Diese halfen ihm, den Kopf zu leeren, Stress abzubauen und körperliche Spannungen aufzulösen. Herr Koch, der nur noch funktioniert hatte, nicht aber lebte, spürte, wie die Energien und die Lebensfreude langsam zurückkehrten und er sich immer mehr entspannen konnte. Der Boden unter seinen Füßen wurde fest und stabil und die Ruhe in ihm größer und umfassender. Herr Koch fühlte sich wieder wohl in seiner Haut und blickte zuversichtlich in die Zukunft. Mit dem Zeitdruck, der Hektik und dem Stress bei der Arbeit konnte er besser umgehen. Auch seine Beziehung zum Tinnitus änderte sich. Statt diesen als Feind zu betrachten und zu bekämpfen, was er in der Krise tat, versuchte er ihn anzunehmen und sich damit anzufreunden.

Weil seine Hobbys ihm viel bedeuteten und er aus diesen Kraft und Inspiration schöpfte, musizierte er regelmäßig und ging, sooft die Zeit es erlaubte, mit dem Segelboot hinaus aufs Wasser. Eine große Leidenschaft, die er aus seiner Kindheit kannte, war das Lesen. Früher hatte Herr Koch Stunden mit Lesen von dicken Geschichtsbüchern verbracht, hatte es genossen, in Geschichten einzutauchen und mehr über das Weltgeschehen zu erfahren. Da er beruflich stark gefordert war und ihm die Zeit fehlte, gab er das Lesen jedoch vollständig auf. Damit diese Leidenschaft nicht mehr in Vergessenheit geriet, machte Herr Koch Nägel mit Köpfen und nahm sich während der Woche bewusst Zeit, um ungestört lesen zu können.

Das Wichtigste: Für sich selbst sorgen

Gesundheit ist ein komplexer Zustand und ein dynamischer Prozess. Gesundheit ist mehr als das Fehlen von Störungen und die Abwesenheit von Krankheit. Unter dem Begriff Gesundheit wird ein Zustand körperlichen, emotionalen, geistigen und psychischen Wohlergehens verstanden. Obwohl wir Gesundheit als etwas Selbstverständliches annehmen und als etwas Stabiles ansehen, ist der Gesundheitszustand fragil und kann sich jederzeit ändern. Dies bekommen wir dadurch zu spüren, dass es uns nicht immer gleich geht. Manchmal fühlen wir uns erfüllt und sind glücklich. Wir ruhen in uns selber und genießen das Dasein in vollen Zügen. Weder verspüren wir Spannungen, noch leiden wir unter körperlichen Beschwerden. Zu einem anderen Zeitpunkt fühlen wir uns niedergeschlagen und sind unglücklich. Wir haben viele negative Gedanken, sind unruhig und können uns kaum konzentrieren. Körperlich sind wir angespannt und leiden unter Kopfschmerzen.

Die Gesundheit wird für uns dann zu einem Thema, wenn es uns nicht gut geht, wir aus der Bahn geworfen werden und nicht wie gewohnt leben und arbeiten können. In solchen Momenten wird uns zum einen bewusst, wie kostbar die Gesundheit ist und wie dankbar wir sein müssen, wenn es uns gut geht. Zum anderen werden wir mit der Fragilität und der Veränderbarkeit des Gesundheitszustandes konfrontiert. Es braucht oft nur wenig, wie eine emotionale Verletzung, Konflikte bei der Arbeit, Spannungen in der Familie, eine Erkältung oder eine Erkrankung, dass wir das innere Gleichgewicht verlieren und die Gesundheit in Mitleidenschaft gezogen wird.

Eine gute Gesundheit ist von grundlegender Bedeutung für unser Wohlergehen. Wir alle möchten in einem vitalen Körper, mit einem klaren Kopf und einer gesunden Seele leben. Um gesund zu sein und zu bleiben, sind wir auf eine ausgewogene Ernährung und genügend Bewegung angewiesen. Wir brauchen ein angenehmes Lebensklima, eine anregende Arbeit, andere Menschen und Zeit für uns selber. Was wir zusätzlich benötigen, um gesund zu sein und gesund zu bleiben, ist eine Lebenshaltung, die uns hilft, Stress abzubauen, bei Kräften zu bleiben und geschickt mit den alltäglichen Herausforderungen umzugehen. Häufig wird die große Bedeutung, die der Lebenshaltung in der Gesundheitsförderung zukommt, nicht richtig verstanden, oder dieser zentrale Punkt wird außer Acht gelassen. Um gesund zu sein und gesund zu bleiben, ist es hilfreich, uns immer wieder zu fragen, wo im Leben wir stehen, wie es uns körperlich und psychisch geht und was wir für unser Wohlergehen benötigen.

- Wie steht es um deine Gesundheit?
- Bist du körperlich vital, geistig klar, emotional ausgeglichen und psychisch stabil?
- Wie wichtig ist dir deine Gesundheit?
- Was tust du konkret, um gesund zu sein und gesund zu bleiben?
- Genügt das, was du tust, oder fehlt dir etwas und musst du etwas ändern?

Offenheit, Raum und Energie halten uns gesund

Wenn wir offen und entspannt sind, innerlich über viel Raum verfügen, mit beiden Beinen fest auf dem Boden stehen und Kraft und Energie besitzen, geht es uns gut. Wir fühlen uns erfüllt und sind glücklich. Wir ruhen in uns selber, haben ein starkes Selbstvertrauen und sind dem Leben gegenüber positiv eingestellt. Den Kontakt zu den uns nahestehenden Personen erleben wir als anregend und bereichernd. Obwohl wir viele Aufgaben zu lösen und auch Schwierigkeiten zu bewältigen haben, bleiben wir gelassen und gehen Herausforderungen besonnen an. Da es uns gut geht und wir uns wohl in unserer Haut fühlen, ist die Gesundheit kein Thema.

Wenn der Stress und der Zeitdruck groß sind und wir Mühe haben, abzuschalten und Ruhe zu finden, hat dies Auswirkungen auf die Gesundheit. Wir fühlen uns unwohl und sind angespannt. Der Innenraum wird kleiner und der Platz zum

Leben enger. Dauert dieser Zustand längere Zeit an, werden die Reserven aufgezehrt. Da wir spüren, dass mit uns etwas nicht in Ordnung ist, werden wir unsicher und beginnen uns zu verkrampfen. Ein Teufelskreis entsteht, der uns schwächt und droht, uns in die Tiefe zu ziehen. Wenn es uns nicht gelingt, loszulassen und aus der sich immer schneller drehenden negativen Spirale auszusteigen, verlieren wir sowohl den Halt im Leben wie auch den schützenden Innenraum. Nicht nur sind wir allen negativen Gedanken, unangenehmen Gefühlen und störenden Einflüssen hilflos ausgeliefert, sondern wir laufen Gefahr, krank zu werden.

Um gesund zu sein und gesund zu bleiben, braucht es mehr als eine ausgewogene Ernährung, regelmäßige Aufenthalte im Fitnesszentrum, jedes zweite Wochenende einen Ausflug übers Land und einmal im Jahr Ferien am Meer oder in den Bergen. Möchten wir gesund sein und gesund bleiben, müssen wir uns mit der Lebenshaltung befassen und diese so ausrichten, dass wir fest im Leben verwurzelt sind, wir im Inneren über viel Raum verfügen und die Energien ungestört fließen können. Wenn die Lebenshaltung kein Thema ist und diese nicht zur Gesundheitsförderung gehört, besteht die Gefahr, dass wir trotz gut gemeinter Absichten Mühe haben, bei Kräften zu bleiben, und es uns schwerfällt, uns um unsere Gesundheit zu kümmern.

Denkanstöße:

- Was tust du für deine Gesundheit?
- Achtest du auf eine ausgewogene Ernährung?
- Bewegst du dich regelmäßig und treibst du Sport?

- Wie steht es um deine Lebenshaltung?
- Ist diese Bestandteil deiner Gesundheitsförderung?

Lebenshaltung: Garant für eine gute Gesundheit

Die Lebenshaltung hat Auswirkungen auf das persönliche Wohlergehen und beeinflusst den Gesundheitszustand. Es macht einen großen Unterschied, ob wir offen und entspannt sind, wir mit uns selber großzügig und freundlich umgehen und das Leben wertschätzen oder ob wir verschlossen und angespannt sind, mit uns selber hart und streng umgehen und gegen das Leben ankämpfen. Je härter und strenger wir mit uns selber sind und je mehr wir uns gegen das Leben sperren, desto schwerer haben wir es im Alltag. Weil die Lebenshaltung von grundlegender Bedeutung ist und diese bei der Gesundheitsförderung eine zentrale Rolle spielt, ist es wichtig, sich mit dieser zu befassen.

Die Lebenshaltung ist nicht von heute auf morgen entstanden, sondern hat sich im Laufe der Jahre entwickelt. Zum Inhalt der Lebenshaltung gehört das, was wir in der Familie gehört, als Kinder erlebt und in späteren Jahren aufgenommen haben. Zusammengesetzt aus Eindrücken, Erfahrungen, Annahmen, Theorien, Mythen und Schlussfolgerungen übt die Lebenshaltung einen nachhaltigen Einfluss auf unser Fühlen, Denken und Handeln aus. Sie prägt die Art und Weise, wie wir mit Stress umgehen, wie wir auf Störungen reagieren, wie wir Konflikte angehen, wie wir den Mitmenschen begegnen und was wir vom Leben erwarten. Da wir die Lebenshaltung vollständig verinnerlicht haben, fehlt uns die nötige Distanz, um zu erkennen, ob diese uns hilft, bei Kräften zu bleiben und für unsere Gesundheit zu sorgen oder ob diese Energie kostet und zum Entstehen unserer Schwierigkeiten beiträgt.

Obwohl wir der Überzeugung sind, eine positive Einstellung dem Leben gegenüber zu haben, stellt sich bei einer eingehenden Untersuchung häufig heraus, dass wir uns täuschen. So sind wir viel strenger, härter und engherziger mit uns selber, als wir angenommen haben. Zum Ausdruck kommt dies dadurch, dass wir uns für gemachte Fehler verurteilen, uns wegen kleiner Missgeschicke abwerten, uns selber misstrauen und alles in Zweifel ziehen. Eine strenge, harte und engherzige Lebenshaltung hat zur Folge, dass wir eng und angespannt sind. Die Kräfte sind blockiert und die Energien können nicht frei fließen. Wir fühlen uns unwohl in unserer Haut und leiden unter verschiedenartigen körperlichen Beschwerden. Wir sind ständig unzufrieden, haben viele negative Gedanken und finden einfach keine Ruhe. Nie ist es gut so, wie es ist. Ständig gibt es etwas, das anders sein sollte. Immer fehlt uns etwas, damit es uns gut geht.

Denkanstöße:

- Was hat deine Lebenshaltung geprägt?
- Was zeichnet diese aus?
- Ist diese klar und bestimmt, großzügig und freundlich, optimistisch und zuversichtlich?
- Oder ist diese unklar und diffus, hart und streng, pessimistisch und hoffnungslos?
- Wenn das Zweite zutrifft, was für Auswirkungen hat dies auf deinen Alltag?

Auf die innere Ausrichtung kommt es an

Das, was im Zentrum unserer Aufmerksamkeit steht und worauf wir uns im Alltag beziehen, beeinflusst unser Leben nachhaltig. Wenn das Positive, das Gute und das Gesunde im Zentrum stehen, geht es uns gut. Es gibt weder Sorgen, die uns belasten, noch Befürchtungen, die uns verunsichern. Wir haben ein starkes Selbstvertrauen, nehmen das Leben an, wie es ist, und begegnen der Welt offen und interessiert. Obwohl wir Schwierigkeiten begegnen und auf Hindernisse stoßen, können wir diese gut bewältigen, ohne uns unnötig zu verausgaben.

Wenn das Negative, das Schwere und der Mangel im Zentrum unserer Aufmerksamkeit stehen, fühlen wir uns angespannt und sind unzufrieden. Ständig tauchen Sorgen und Befürchtungen auf, die zu Selbstzweifeln führen, Unsicherheit auslösen und Ängste wecken. Wenn wir mit Störungen konfrontiert werden oder sich uns Hindernisse in den Weg stellen, verlieren wir schnell das Gleichgewicht und werden leicht aus der Bahn geworfen. Statt zufrieden zu sein und uns am Leben zu erfreuen, fühlen wir uns unglücklich und unerfüllt. Und statt vorwärtszukommen und die von uns gesteckten Ziele zu erreichen, sind wir blockiert und drehen uns im Kreis.

Wenn wir die an anderer Stelle beschriebenen Qualitäten entwickeln und das Positive, das Gute und das Gesunde ins Zentrum unserer Aufmerksamkeit rücken, verändert sich nicht nur unsere Lebenshaltung, sondern auch unser Dasein erfährt einen grundlegenden Wandel. Körperlich sind wir entspannt und geistig ruhig. Wir fühlen uns offen und frei und stehen nicht unter dem Einfluss von Sorgen, Zweifeln und negativen Gedanken. Statt uns selber Vorwürfe zu machen, uns für begangene Missgeschicke zu verurteilen und uns selber abzuwerten, sind wir nachsichtig und großzügig. Wir glauben an uns selber, vertrauen unseren Fähigkeiten und nehmen das Leben an, so, wie es ist.

Wenn wir die Lebenshaltung ändern und sich diese in Richtung Klarheit, Offenheit, Großzügigkeit, Mitgefühl und Kraft verschiebt, hat dies weitreichende positive Auswirkungen. Wir können loslassen und uns entspannen. Das Schwere und Belastende, das viel Kraft und Energie kostet, nimmt ab und verliert an Macht und Einfluss. Das Leben wird leichter und die Alltagsbewältigung einfacher. Mit der Entspannung und inneren Öffnung ändert sich auch unser Blickwinkel. Wir beginnen das Dasein mit anderen Augen zu sehen und die Prioritäten neu zu setzen. Wir hören auf, hinter allen möglichen Dingen herzujagen und uns unnötig zu verausgaben. Wir nehmen uns Zeit für uns selber und machen regelmäßig Pausen. Wir freuen uns an dem, was das Leben uns schenkt, und sorgen für unsere Gesundheit. Wir sind wach und leben im Hier und Jetzt und nicht im Gestern und Morgen.

Denkanstöße:

- Was steht im Zentrum deiner Lebenshaltung?
- Ist dies das Positive, das Gute und das Gesunde oder das Negative, der Mangel und das Schwere?
- Wenn das Zweite zutrifft, was für Folgen hat dies für dein Leben?
- Hilft deine Lebenshaltung dir, den Alltag zu bewältigen, bei Kräften zu bleiben und für deine Gesundheit zu sorgen?
- Wenn nein, was musst du ändern?

Sich an Vereinbarungen halten

Wenn es uns ernst ist mit der Sorge um die Gesundheit und wir nicht in der Theorie steckenbleiben wollen, sind Vereinbarungen eine große Hilfe. Eine Vereinbarung wäre zum Beispiel, jeden zweiten Tag hinauszugehen und einen Spaziergang durch den Wald zu machen. Eine weitere Vereinbarung bestünde darin, morgens vor dem Aufstehen sich ganz bewusst auf den kommenden Tag einzustimmen und sich zu entscheiden, diesen ruhig und achtsam anzugehen. Weitere sinnvolle Vereinbarungen sind, jeden Tag mit dem Fahrrad zur Arbeit zu fahren, über Mittag einen kurzen und erholsamen Mittagsschlaf zu machen, abends, nach der Arbeit, zehn Minuten Entspannungsmusik zu hören oder vor dem Einschlafen die an anderer Stelle beschriebenen Übungen zu machen.

Vereinbarungen, die wir eingegangen sind, sollten wir nicht brechen. Tun wir dies, haben wir nicht nur Mühe, die von uns angestrebten Ziele zu erreichen, sondern wir werden uns selber gegenüber unglaubwürdig. Wenn wir uns an Vereinbarungen halten, hat dies weitreichende positive Auswirkungen. Zum einen sind wir in der Lage, den eingeschlagenen Weg weiterzugehen, auftauchende Hindernisse auszuräumen und bestehende Grenzen zu überschreiten. Zum anderen können wir Qualitäten wie Klarheit, Großzügigkeit und Mitgefühl entwickeln, die Lebenshaltung ändern und eine stabile, auf das Gute, Positive und Gesunde ausgerichtete Daseinsgrundlage aufbauen. Und nicht zuletzt tragen Vereinbarungen maßgeblich dazu bei, dass wir bei Kräften bleiben können.

Denkanstöße:

- Welche Vereinbarungen helfen dir, das Loslassen und Entspannen zu üben, den Kopf zu leeren, Kraft und Energie zu tanken und besser mit Stress, Zeitdruck, Spannungen und Störungen umzugehen?
- Welche sind in deiner Situation sinnvoll und welche bist du bereit einzugehen?
- Schreibe diese auf und erinnere dich während des Tages immer wieder an sie.

Den Alltag zum Übungsfeld machen

Ein weiterer zentraler Punkt, der uns hilft, vom Leben zu lernen und für die Gesundheit zu sorgen, besteht darin, den Alltag zum Übungsfeld zu machen. Den Alltag zum Übungsfeld machen bedeutet, alltägliche Situationen dazu zu nutzen, um die oben beschriebenen Qualitäten zu entwickeln und die Lebenshaltung gezielt zu festigen. Wo immer wir uns gerade aufhalten und was immer wir tun, erinnern wir uns an die Lebenshaltung und versuchen das, was wir lernen möchten, umzusetzen. Wenn wir in einer langen Schlange an der Kasse warten müssen, unterlassen wir es, uns aufzuregen oder zu ärgern. Vielmehr nützen wir diese Gelegenheit dazu, um zu entspannen und uns in Geduld zu üben. Haben wir einen anstrengenden Tag bei der Arbeit, legen wir immer wieder ganz bewusst kurze Pausen ein, um das Stressabbauen, das Raumschaffen und das Kraft- und Energietanken zu üben und zu vertiefen.

Wenn wir hart und streng mit uns selber sind, üben wir uns ganz bewusst in Großzügigkeit und Freundlichkeit. Wenn wir uns selber immer wieder mit hohen Erwartungen unter Druck setzen und uns für begangene Missgeschicke verurteilen, benutzen wir den Alltag dazu, um Nachsicht und Mitgefühl zu entwickeln. Wenn es uns an Offenheit und Klarheit fehlt, erinnern wir uns immer wieder daran, diese grundlegenden Qualitäten zu fördern und diese während des Tages umzusetzen. Wenn wir dazu neigen, uns am Negativen und am Mangel zu orientieren und wir diese ins Zentrum unserer Aufmerksamkeit stellen, beziehen wir uns im Alltag immer wieder auf das Gute, Gesunde und Heilsame und ändern so ganz bewusst unsere Lebenshaltung.

Um das Üben im Alltag zu erleichtern, ist es hilfreich, Erinnerungsstützen wie Bilder, Symbole, Worte, aber auch das Handy miteinzubeziehen. Wir können beispielsweise ein Foto mit einem mächtigen Berg, der stolz in den Himmel ragt, oder ein Foto, das den grenzenlosen Horizont über dem Meer zum Ausdruck bringt, neben den Computer stellen und dieses während des Tages immer wieder anschauen. Wir können das Hintergrundbild des Computers entsprechend unseren Bedürfnissen gestalten und es uns zur Gewohnheit machen, während der Arbeit kurz innezuhalten und dieses auf uns wirken zu lassen. Am Kühlschrank oder an anderen dafür geeigneten Orten können wir für uns bedeutsame Worte oder Sätze aufhängen wie „Pausen", „Ruhe", „Kraft", „Raum", „Entspanne und lass los", „Sei großzügig und freundlich", „Vergiss den Humor nicht", „Erfreue dich am Augenblick", „Übe dich im Nichtstun" oder „Stelle das Gute und Heilsame ins Zentrum". Bei der Arbeit können wir den Arbeitsplatz so ausrichten, dass wir ins Freie hinausschauen können und den Ausblick in die Natur dazu nutzen, um die Offenheit und Weite einzuladen. Wir können auch das Handy miteinbeziehen und dieses so einstellen, dass es jede Stunde einen kurzen Ton von sich gibt, der uns daran erinnert, eine kurze Pause einzulegen und alles Tun und Machen auf die Seite zu legen. Den Möglichkeiten, Erinnerungstützen in den Alltag einzubauen, die das Üben fördern und die Lebenshaltung festigen, sind keine Grenzen gesetzt. Wichtig ist, dass wir humorvoll und spielerisch an die Sache herangehen, damit das Umsetzen und Üben etwas Leichtes und Freudiges hat.

Ebenfalls hilfreich ist es, am Ende der Woche kurz Rückschau zu halten, um zu schauen, wie es uns während der vergangenen Woche ergangen ist und wo wir im Augenblick stehen. Ohne zu urteilen oder zu werten, untersuchen wir, wie es um die Entwicklung der grundlegenden Qualitäten steht und wie sich unsere Lebenshaltung verändert hat. Regelmäßig Rückschau halten ist wichtig. Es hilft uns, wach zu sein und auf Kurs zu bleiben. Regelmäßig durchgeführte Rückschauen führen dazu, dass das psychologische Verständnis größer und umfassender wird und der geschickte Umgang mit den Problemen des Alltages sich vertieft. Eine weitere Stütze, die wir bei der Rückschau einbeziehen können und die Lebenshaltung fördert, ist der an anderer Stelle beschriebene Antistress-Lebensplan. Wenn wir diesen in die Rückschau miteinbeziehen und mit diesem Instrument ergründen, wo wir stehen und wie es uns geht, trägt dies maßgeblich dazu bei, dass die Kräfte und Energien anwachsen, die Verankerung im Leben sich vertieft, die emotionale Ausgeglichenheit größer wird und die psychische Stabilität zunimmt.

- Wie musst du in deiner Situation vorgehen, um den Alltag zum Übungsfeld zu machen?
- Mache Nägel mit Köpfen, sei verbindlich und gehe spielerisch vor.
- Über welche Erinnerungsstützen verfügst du?
- Benutze viele und unterschiedliche Erinnerungsstützen. Platziere diese an verschiedenen geeigneten Orten im beruflichen und privaten Bereich.
- Halte regelmäßig Rückschau und ergründe, wie es um die Qualitäten und die Lebenshaltung steht. Benutze dazu auch den Antistress-Lebensplan.

ANHÄNGE

11. CHECKLISTE DER BURNOUT-ANZEICHEN

Anzeichen	selten	häufig	ständig
Körperliche Anzeichen			
Generelles Unwohlsein			
Unspezifische Verspannungen			
Mattheit			
Müdigkeit			
Energiemangel			
Erschöpfung			
Kraftlosigkeit			
Einschlafstörungen			
Durchschlafstörungen			
Gerädert aufwachen			
Übelkeit			
Blähungen			
Appetitlosigkeit			
Verdauungsprobleme			
Nackenbeschwerden			
Kopfschmerzen			
Rückenschmerzen			

Anzeichen	selten	häufig	ständig
Migräne			
Lähmungserscheinungen			
Schweißausbrüche			
Muskelzittern			
Stechen und Engegefühle in der Brust			
Gehörsturz			
Tinnitus			
Emotionale Anzeichen			
Erregbarkeit			
Ungeduld			
Unausgeglichenheit			
Gefühlsschwankungen			
Zynismus			
Psychische Instabilität			
Unbestimmte Angstgefühle			
Panik			
Angst, es nicht mehr zu schaffen			
Angst unterzugehen			
Angst zu versagen			
Angst, die Kontrolle zu verlieren			
Gefühl der Durchlässigkeit			
Gefühl der Verletzlichkeit			
Gefühl der Dünnhäutigkeit			
Gefühl der inneren Leere			

Anzeichen	selten	häufig	ständig
Geistige Anzeichen			
Rastlosigkeit			
Nervosität			
Fahrigkeit			
Geistige Abwesenheit			
Verwirrtheit			
Vergesslichkeit			
Gedankenflut			
Konzentrationsschwierigkeiten			
Denkblockaden			
Unfähigkeit abzuschalten			
Unfähigkeit, Ruhe zu finden			
Unfähigkeit, sich zu erholen			
Verhaltensbezogene Anzeichen			
Antriebsmangel			
Arbeitsunlust			
Rückzug			
Abkapselung			
Teilnahmslosigkeit			
Apathie			
Verändertes Essverhalten			
Alkoholmissbrauch			
Medikamentenmissbrauch			
Starker Zigarettenkonsum			

Kommentar:
Wenn du viele Markierungen unter „ständig" eingetragen hast, ist dies ein Alarmzeichen. Ganz offensichtlich bist du erheblich überbelastet und in Gefahr auszubrennen. Du solltest auch die Markierungen unter „häufig" ernst nehmen. Diese deuten auf eine chronische Überlastung, einen Mangel an Ausgeglichenheit, das Fehlen von Entspannung und einen großen Kräfteverschleiß hin.

12. DER ANTISTRESS-LEBENSPLAN

Chronische Überlastung, ein Mangel an Ausgeglichenheit, das Fehlen von Erholung und viel Stress kosten Kraft und zehren die Energiereserven auf. Dauert dieser Zustand längere Zeit an, macht sich ein generelles Unwohlsein breit, und der Körper sendet Warnsignale aus. Geht der Kräfte- und Energieverlust unvermindert weiter, führt dies zu einer körperlichen Schwächung, einer emotionalen Unausgeglichenheit und einer psychischen Instabilität. Der Halt im Leben geht verloren und man fällt aus dem Gleichgewicht. Dabei kann ein Teufelskreis in Gang gesetzt werden, der droht, einen in die Tiefe zu ziehen. Gelingt es einem nicht, sich aufzufangen und sich zu erholen, läuft man Gefahr, auszubrennen und in eine Krise zu geraten, die die Gesundheit in Mitleidenschaft zieht.

Um eine mögliche Krise abzuwenden und gesund zu bleiben, müssen wir uns eingehend mit unserer Lebenssituation befassen. Dazu machen wir als erstes eine Standortbestimmung, um herauszufinden, wie es uns geht und wo wir im Augenblick stehen. Wenn wir uns Klarheit über unsere Situation verschafft haben, ergreifen wir konkrete Maßnahmen, die uns helfen, zu entspannen, Stress abzubauen, den Kopf zu leeren und Energie zu tanken. Damit unsere Bemühungen Früchte tragen, ist es ratsam, mit Vereinbarungen zu „arbeiten". Wenn wir uns an

Vereinbarungen halten und den Alltag zum Übungsfeld machen, sind wir in der Lage, bei Kräften zu bleiben, grundlegende Qualitäten zu entwickeln, die Lebenshaltung zu ändern und auf unsere Gesundheit zu achten.

Die nachfolgenden Punkte sind als Orientierungshilfen oder Leitlinien zu verstehen, die dazu dienen, einen persönlichen Antistress-Lebensplan zu erstellen. Um einen möglichst großen Nutzen aus den Übungen zu ziehen, ist es von Vorteil, Punkt für Punkt durchzugehen und Antworten, Erfahrungen, aber auch Einsichten schriftlich festzuhalten.

1. STANDORTBESTIMMUNG

Ergründe deine momentane Lebenssituation. Untersuche, wie es dir körperlich, emotional, geistig und psychisch geht, wie du den privaten und beruflichen Stress bewältigst, was in deinem Leben Kraft kostet und woraus du Energie schöpfst.

- Stehst du mit beiden Beinen fest auf dem Boden?
- Fühlst du dich offen und weit und verfügst innerlich über viel Raum?
- Leidest du unter emotionalen Störungen oder psychischen Problemen?
- Wenn ja, welches sind diese?
- Was hast du bisher getan, um diese aufzulösen?
- Gibt es Konflikte oder Situationen, die dir das Leben schwer machen?
- Wenn ja, welches sind diese?
- Wie bist du bisher mit diesen umgegangen?

- Fühlst du dich wohl in deiner Haut?
- Verfügst du über genügend Kraft und Energie, um die alltäglichen Aufgaben zu bewältigen und das Leben zu meistern?
- Leidest du unter körperlichen Spannungen oder somatischen Beschwerden?
- Wenn ja, welches sind diese?
- Was hast du bisher getan, um diese aufzulösen?
- Fühlst du dich ausgeruht und entspannt?
- Findest du genügend Erholung im Alltag?
- Stehst du innerlich unter Druck und bist angespannt?
- Wenn ja, was sind die Gründe?
- Fällt es dir schwer, abzuschalten und zur Ruhe zu kommen?
- Hast du Probleme mit dem Ein- und Durchschlafen?
- Fühlst du dich morgens schwer und müde und hast du Mühe, den Alltag in Angriff zu nehmen?
- Welche beruflichen und/oder privaten Probleme machen dir zu schaffen?
- Wie gehst du mit diesen um?
- Welcher Art ist dein Lebensstress?
- Wie bewältigst du diesen?
- Was kostet dich besonders viel Kraft und Energie?
- Ist dies der Beruf, die Beziehung zum Partner/zur Partnerin, die Familie oder etwas anderes?
- Woraus schöpfst du Energie?
- Was gibt dir Kraft?
- Über welche Ressourcen verfügst du?
- Bist du in Kontakt mit diesen Quellen?
- Fließen diese oder sind sie versiegt?

2. KLARHEIT SCHAFFEN

Wenn du dich eingehend mit deiner Lebenssituation befasst hast, schaffe Klarheit darüber, was du für dein Wohlbefinden und deine Gesundheit benötigst.

- Was brauchst du in deiner momentanen Situation?
- Gibt es etwas Wichtiges, das dir fehlt?
- Mangelt es dir an Zeit, um zu entspannen, Zeit, um auszuruhen, Zeit, um dich zu erholen, oder an etwas ganz anderem?
- Weiß du, wie du entspannen, abschalten und Ruhe finden kannst?
- Verfügst du über Mittel und Werkzeuge, die dir helfen, Stress abzubauen, Kraft aufzubauen, Energie zu tanken und geschickt mit den alltäglichen Herausforderungen umzugehen?
- Wenn nein, überlege dir, was du tun kannst, um dir die nötigen Mittel und Werkzeuge anzueignen.
- Um dir die Aufgabe zu erleichtern, gehe zurück zu den in den vorangegangenen Kapiteln beschriebenen Beispielen. Vergegenwärtige dir nochmals, was die betroffenen Personen unternommen haben, um die Krise zu bewältigen und zurück ins Leben zu finden.

3. EINE SINNVOLLE TAGESSTRUKTUR AUFBAUEN

Um bei Kräften zu bleiben, den Alltag zu bewältigen und gesund zu bleiben, benötigen wir eine sinnvolle Tagesstruktur. Diese gibt Sicherheit und Orientierung, hilft Stress abzubauen und bewahrt uns davor, uns unnötig zu verausgaben und den Halt im Leben zu verlieren.

- Verfügst du über eine sinnvolle Tagesstruktur?
- Wenn nein, weshalb nicht?
- Was für Auswirkungen hat das Fehlen einer sinnvollen Tagesstruktur auf dein Leben?
- Wenn ja, was zeichnet deine Tagesstruktur aus und wie ist diese aufgebaut?
- Hilft dir deine Tagesstruktur, bei Kräften zu bleiben, dich sicher im Leben zu verankern und gesund zu bleiben?
- Wenn nein, was fehlt deiner Tagesstruktur?

4. KONKRETE MASSNAHMEN ERGREIFEN

Als Nächstes überlege dir, welche konkreten Maßnahmen du für dein persönliches Wohlergehen ergreifen kannst. Sei mutig, aber auch ehrlich mit dir selber. Bedenke, dass es um deine Gesundheit geht.

- Welche konkreten Maßnahmen schaffen in deiner momentanen Situation Abhilfe und führen zu einer Entlastung?
- Welche konkreten Maßnahmen helfen dir, Stress abzubauen, Energie zu tanken, zur Ruhe zu kommen, dein Leben neu auszurichten und auf deine Gesundheit zu achten?
- Schreibe alles auf, was dir dazu in den Sinn kommt.
- Überlege dir weiter, wie du diese Maßnahmen in deinen Alltag einbauen und sinnvoll nutzen kannst.

5. PAUSEN EINLEGEN

Pausen sind wichtig und gesundheitsfördernd. Pausen helfen, Spannungen aufzulösen, Stress abzubauen, das Entspannen und Loslassen zu vertiefen und den Kopf zu leeren. Es ist ratsam, das Pauseneinlegen zu einer Gewohnheit zu machen, die einen durch den Tag hindurch begleitet.

- Machst du während des Tages regelmäßig Pausen?
- Gibt es in deinem Alltag Momente der Stille, der Ruhe und des Nichtstuns?
- Wenn nein, weshalb nicht?
- Welche Auswirkungen hat das Fehlen von Pausen auf dein Fühlen, Denken und Handeln?
- Wenn ja, wie hast du die Pausen in den Alltag eingebaut?
- Überlege dir, wie du das Pauseneinlegen optimieren und zu einer gesundheitsfördernden Gewohnheit machen kannst.

6. DAS LEBEN VEREINFACHEN

Das Leben vereinfachen bedeutet, Altlasten aufzuräumen, sich von unnötigem Ballast zu trennen und alles Unnütze, Unnötige, aber auch alle Leerläufe, kräfteraubenden Handlungen, schlechten Gewohnheiten und einengenden Strukturen ein für alle Mal aus dem Leben zu verbannen. Um das Leben zu vereinfachen, durchforste auch deinen Alltag und frage dich, was du wirklich brauchst und behalten möchtest und was du aufgeben und loslassen kannst.

- Trägst du viel Ballast und Gerümpel mit dir herum?
- Wie viel Raum nimmt das Unnütze, Unnötige und Unwichtige in deinem Alltag ein?
- Gibt es viele Leerläufe, aufreibende Feuerwehrübungen und schlecht geplante Handlungen, die außer Stress nicht viel bringen?
- Wenn ja, was sind die Ursachen?
- Überlege dir, was du tun kannst, um dein Leben zu vereinfachen.
- Besitzt du Dinge, die du hortest, aber nicht benötigst?
- Frage dich, wozu diese gut sind und ob du diese wirklich brauchst.
- Sei dir stets bewusst, dass ein einfaches, überschaubares Leben dir Kraft und Energie gibt und maßgeblich zu deinem Wohlergehen beiträgt.

7. RESSOURCEN FÖRDERN

Befasse dich als Nächstes mit deinen Ressourcen. Untersuche, über welche inneren und äußeren Kraftquellen du verfügst und welche neuen du dir aneignen kannst. Bist du dir über deine Ressourcen klar geworden, beginne diese ganze gezielt zu pflegen und in den Alltag einzubauen.

- Über welche Ressourcen verfügst du?
- Hast du Zugang zu deinen Kraftquellen?
- Sind diese aktiv und voll oder inaktiv und leer?
- Was kannst du tun, um die bestehenden Ressourcen zu fördern?
- Was kannst du tun, um neue zu entwickeln?

- Mache Nägel mit Köpfen. Beginne deine Ressourcen ganz gezielt zu pflegen, indem du es dir zur Gewohnheit machst, dich während des Tages immer wieder mit diesen zu verbinden.

8. QUALITÄTEN ENTWICKELN

Es gibt grundlegende Qualitäten, die uns helfen, den Alltag zu bewältigen und für unsere Gesundheit zu sorgen. Untersuche, über welche Qualitäten du verfügst und welche dir fehlen. Bist du dir klar geworden, wie es um deine Qualitäten steht, beginne die bestehenden zu fördern und neue zu entwickeln.

- Verfügst du über Geduld, Klarheit, Kraft, Durchsetzungsvermögen, Mitgefühl, Offenheit und Großzügigkeit?
- Wenn ja, wunderbar.
- Wenn nein, welche Qualitäten sind schwach ausgebildet und welche fehlen dir?
- Welche Auswirkungen haben die schwach entwickelten oder fehlenden Qualitäten auf dein Leben?
- Nimm dir immer wieder Zeit, um die schwach entwickelten Qualitäten zu fördern und dir die fehlenden anzueignen.

9. LEBENSHALTUNG ÄNDERN

Der Haltung, die wir dem Leben gegenüber einnehmen, kommt eine zentrale Bedeutung zu. Deshalb ist es wichtig, dass wir die Lebenshaltung eingehend untersuchen, um herauszufinden, ob diese das Wohlergehen unterstützt und die Gesundheit fördert. Wenn dies nicht der Fall ist, müssen wir diese ändern.

- Welcher Art ist die Haltung, die du dem Leben gegenüber hast?
- Ist diese klar und bestimmt, großzügig und freundlich, optimistisch und zuversichtlich oder unklar und diffus, hart und streng, pessimistisch und hoffnungslos?
- Was steht im Zentrum deiner Lebenshaltung?
- Ist dies das Positive, das Gute und das Gesunde oder das Negative, das Schwere und der Mangel?
- Wenn das Zweite zutrifft: Was für Auswirkungen hat diese Ausrichtung auf dein Leben?
- Hilft deine Lebenshaltung dir, den Alltag zu bewältigen und deine Gesundheit zu unterstützen?
- Wenn nein, was kannst du tun, um deine Haltung so zu ändern, dass du bei Kräften bleibst, die alltäglichen Herausforderungen bewältigen und gesund leben kannst?

10. VEREINBARUNGEN TREFFEN

Vereinbarungen sind große Stützen. Sie ermöglichen uns, auf Kurs zu bleiben, Schwierigkeiten auszuräumen, die Lebenshaltung zu ändern und das Dasein neu auszurichten. Wenn es dir ernst ist mit dem Umsetzen, triff Vereinbarungen, an die du dich hältst.

- Welche Vereinbarungen helfen dir, Stress abzubauen, Kraft zu entwickeln, Energie zu tanken, Ruhe zu finden, Erholung zu erfahren und dich sicher im Leben zu verankern?
- Welche Vereinbarungen fördern dein Wohlergehen und unterstützen deine Gesundheit?
- Welche Vereinbarungen bist du bereit einzugehen?

- Schreibe diese auf.
- Sei verbindlich und versuche, dich im Alltag an diese zu halten.

11. DEN ALLTAG ZUM ÜBUNGSFELD MACHEN

Betrachte den Alltag als Übungsfeld. Bei der Arbeit im Büro, während einer Geschäftssitzung, auf der Fahrt nach Hause, beim Einnehmen der Mahlzeiten, beim Spielen mit den Kindern, beim Zusammensein mit dem Partner, der Partnerin, während des Einkaufens im Supermarkt, in der Freizeit, wo immer du dich gerade befindest und was immer du tust, übe und setze um, was dir gut tut, dein Wohlergehen unterstützt und deine Gesundheit fördert.

- Mache den Alltag zum Übungsfeld und übe regelmäßig.
- Erinnere dich beim Üben daran, dass es darum geht, deine Haltung so zu ändern, dass du in der Lage bist, bei Kräften zu bleiben, den Alltag zu bewältigen und für deine Gesundheit zu sorgen.
- Gehe spielerisch vor und bewahre eine humorvolle Einstellung.
- Sei spontan und gib der Kreativität viel Raum.
- Benutze viele und unterschiedliche Erinnerungsstützen.
- Platziere diese an geeigneten Stellen.
- Halte immer wieder Rückschau und untersuche, wie es um die zu entwickelnden Qualitäten und die Lebenshaltung steht.

12. DRAN BLEIBEN

Dran bleiben ist wichtig. Dran bleiben wirkt dem Vergessen entgegen. Wenn wir dran bleiben, hilft uns dies, wach, achtsam und klar zu sein. Wir hören auf die Signale des Körpers, nehmen wahr, wie es uns geht, und wissen, wo im Leben wir stehen. Wenn wir dran bleiben, fällt es uns leicht, Stress abzubauen, Kraft zu entwickeln, Energie zu tanken und die Ressourcen zu fördern. Uns ist bewusst, was wir für unser Wohlbefinden benötigen und wie wir für unsere Gesundheit sorgen können. Wenn wir dran bleiben, können wir uns sicher im Leben verankern, geschickt mit alltäglichen Herausforderungen umgehen und die neue Lebenshaltung festigen. Und nicht zuletzt schützt uns das Dranbleiben davor, uns zu verlieren, vom Weg abzukommen und erneut in eine Krise zu geraten.

13. DER ANTISTRESS-LEBENSPLAN

Kurzfassung

- Standortbestimmungen vornehmen
- Klarheit schaffen
- Grauzonen auflösen
- Störungen ansprechen
- Konflikte klären
- Altlasten aufräumen
- Das Leben vereinfachen
- Pausen einlegen
- Das Entspannen und Loslassen üben
- Haltung ändern
- Qualitäten entwickeln
- Ressourcen fördern
- Hobbys beibehalten
- Beziehungen pflegen
- Vereinbarungen treffen
- Den Alltag zum Übungsfeld machen
- Dran bleiben

Weitere Bücher aus dem Verlag Via Nova:

Unsere Geschichte – unser Potential
Wir vorgeburtliche Erlebnisse und Geburt unser Leben prägen
Hanspeter Ruch

Hardcover, 200 Seiten, ISBN 978-3-928632-89-8

Die Wurzeln emotionaler Probleme reichen häufig nicht nur in die Kindheit, sondern viel weiter zurück zu den Anfängen unseres Werdens: zur Geburt und in die vorgeburtliche Zeit. Das vorliegende Buch bringt Licht in diesen entscheidenden Lebensbereich, der von der Psychologie bisher fast vollständig ausgeblendet wurde. Entgegen der gängigen Auffassung sind wir vom Moment der Zeugung an fühlende Wesen. Das bedeutet, dass wir bereits im Mutterleib wahrnahmen, ob wir geliebt oder abgelehnt wurden. Unsere Geburt erlebten wir hautnah, mit allen Gefühlen und Empfindungen. Nie wieder in unserem Leben sind wir so empfänglich und so sensibel, wie wir das in dieser ersten Phase unseres Seins waren. Wie wichtig und prägend der erste Abschnitt unserer Geschichte für unsere Entwicklung, für unsere psychische und körperliche Gesundheit ist, und wie die dabei entstandenen störenden Grundmuster geheilt werden können, wird in diesem Buch beschrieben.

Im Fluss des Lebens sein
Von der Enge des Ich zur Offenheit des Seins
Hanspeter Ruch

Hardcover, 120 Seiten, ISBN 978-3-86616-016-3

Wir wollen glücklich und mit uns und der Welt im Einklang sein. Doch stattdessen fühlen wir uns häufig verloren, orientierungslos und vom Leben abgeschnitten. Für viele beginnt die Suche nach innerer Zufriedenheit mit einer Psychotherapie, andere dagegen schließen sich einer spirituellen Tradition an. Hanspeter Ruch, selber Psychotherapeut, plädiert für einen Weg, der sowohl aus der Psychotherapie wie auch der Spiritualität schöpft. Inspiriert vom tibetischen Buddhismus und ausgerüstet mit einer langjährigen Berufserfahrung als Therapeut zeigt er in diesem Buch auf, dass die Suche nach dem Glück eine Reise zu sich selber ist. Denn Quelle unseres Glücks ist das SEIN, der Ursprung unserer Existenz, den wir alle in uns tragen. Wollen wir zu diesem Schatz vorstoßen, müssen wir unsere Haltung neu ausrichten und zu dem werden, was wir sind. Anhand von Beispielen aus der Praxis, eigenen Erfahrungen und einer Vielzahl von Übungen werden wir angeregt, wie wir die gewonnenen Erkenntnisse im Alltag umsetzen können, um in den Fluss des Lebens zurückzufinden.

In der Fülle leben
Tore zur Erfahrung des großen Mysteriums
Hanspeter Ruch

Hardcover, 144 Seiten, ISBN 978-3-86616-085-9

In diesem Buch gibt der Autor, Psychologe und Psychotherapeut wertvolle Anregungen, wie wir das Bewusstsein erforschen und uns für das große Mysterium, das Sein, öffnen können. In einführenden Texten zeigt er die Zusammenhänge zwischen der Funktionsweise des denkenden Geistes und des Ich auf. Wenn wir positive Qualitäten wie Achtsamkeit, innere Kraft, Vertrauen, Mitgefühl und Offenheit fördern, können wir loslassen und innerlich Raum gewinnen. Der denkende Geist, der bisher im Zentrum stand und unser Fühlen, Denken und Handeln geprägt hat, verliert an Macht und Einfluss. Wenn wir uns auf die innere Quelle, unser Sein, beziehen und uns von dessen Weisheit leiten lassen, erfährt unser Dasein einen tiefgreifenden Wandel. Alltägliche Erfahrungen können wir nutzen, uns selber zu erkennen, uns anzunehmen und mit dem Leben Freundschaft zu schließen. Dieses zentrale Anliegen des Autors, der selbst als Psychologe mit eigener Praxis Meditationsgruppen und Fortbildungskurse leitet, wird in diesem Buch deutlich und eindringlich dargelegt.

Selbsterkenntnis und Heilung
Die Auflösung emotionaler Energieblockaden
Jordan P. Weiss

Gebunden, 232 Seiten, 21 Zeichnungen, ISBN 978-3-928632-28-7

Die in diesem Buch dargestellte Methode „Psychoenergetics" wurde von Dr. Jordan Weiss entwickelt, einem Spezialisten auf den Gebieten Stressbewältigung, Verhaltensmedizin, Personaler Transformation und chronischer Erkrankungen. Der therapeutische Ansatz von Dr. Weiss beruht auf der Erkenntnis, dass der Mensch ein Energiefeld ist, also auch Emotionen als Energiemuster in uns existieren. Diese Methode schafft Zugang zu dem unbewussten Selbst und lässt Sie verborgene, falsche Denk- und Verhaltensmuster entdecken und auflösen, die Sie daran hindern, alle positiven Möglichkeiten des Lebens auszuschöpfen und ein glückliches Dasein zu führen. Mit den Methoden der „Psychoenergetics" können Sie lernen, Ärger, Angst und Unsicherheit freizusetzen; Blockaden zu entdecken, die Sie am Erreichen Ihrer Ziele hindern; Selbstsabotage zu eliminieren; sich von Schmerzen zu befreien; Schmerzen bei Menschen zu lindern, die Sie lieben; Liebe und Glück zu empfangen und negative Energien aufzulösen.

Meditation hilft heilen
Der Übungsweg des Herzens
Peter Wild

Paperback, 192 Seiten – ISBN 978-3-936486-58-2

Peter Wild zeigt in seinem neuesten Buch auf, dass und wie die Meditation zu einem Vorgang der Heilung werden kann. Was er in Kursen und Ausbildungen weitergibt, macht er nun in Buchform zugänglich. Von der großen Kunst der Vermittlung, von der seine Kurse leben, lebt auch das Buch.

Das Buch führt in unterschiedliche Ausrichtungen der Meditation ein:
- die Meditation als Weg zu den eigenen Ressourcen,
- die Meditation als Sensibilisierung für die innere heilende Kraft,
- die Meditation als Umgang mit dieser heilenden Kraft im Dienst der Selbstheilung,
- die Meditation als Sendung dieser heilenden Kraft zu anderen Menschen.

Peter Wild versteht es, alte spirituelle Heiltraditionen im Licht der modernen Erkenntnisse (Psychotherapie, Neurologie, Traumaforschung) verständlich zu machen. Zudem knüpft er an die oft vergessene Tatsache an, dass am Anfang der christlichen Tradition ein Heiler steht: Jesus von Nazareth hat geheilt und den Heilungsauftrag in aller Selbstverständlichkeit weitergegeben.

Heilung beginnt im Herzen
Die inneren Kräfte wecken, um Körper und Seele zu heilen   2. Auflage
Chuck Spezzano

Hardcover, 240 Seiten, ISBN 978-3-86616-140-5

Das neue Buch des bekannten Lebenslehrers Dr. Chuck Spezzano gibt dem Leser grundlegende Prinzipien und Methoden an die Hand, um sich von allen Formen von Krankheit und Schmerz zu befreien. Es ergründet nicht nur die Wurzeln dessen, was Krankheiten und Schmerzen erzeugt, sondern zeigt darüber hinaus praktische Wege, wie man die dem eigenen Herzen und Geist innewohnende Kraft nutzen kann, um Krankheiten zu heilen und Schmerz aufzulösen.

Heilende Achtsamkeit
Sich bewusst von körperlichen und seelischen Schmerzen befreien
Hans Vater

Taschenbuch, 168 Seiten, ISBN 978-3-86616-146-7

Wie kann man körperliche und seelische Schmerzen selbst lindern oder gar heilen? Der Philosoph und Meditationslehrer Hans Vater zeigt in diesem Buch überzeugend, auch aufgrund eigener körperlicher und spiritueller Erfahrungen, dass Schmerzen sich auflösen, wenn man sie intensiv wahrnimmt, sie mutig akzeptiert, sich sogar bewusst in sie vertieft und sie steigert, bis ein Umschwung zur Heilung erfolgt. Er analysiert verschiedene Arten körperlicher und seelischer Schmerzen, auch schmerzliche Gefühle. Dieses Buch ist ein Selbsthilfe- Ratgeber. Heilende Achtsamkeit wird auch beschrieben als Meditationsform, als Hilfe zur Karma-Heilung.

Lebenskrisen meistern
Handbuch für Selbstmanagement in schwierigen Zeiten
Erika Helene Etminan

Paperback, 320 Seiten, ISBN 978-3-86616-145-0

Dieses Buch ist eine wichtige Unterstützung für Menschen, die eine schwere Lebenskrise durchleben oder die einen anderen Menschen durch eine solche Krise begleiten. Es hilft zu verstehen, was eigentlich in Krisenzeiten geschieht. Dies gilt für Krisen im privaten wie im beruflichen Leben, aber auch in Unternehmen und Organisationen. Alle wichtigen Aspekte der Krisenentstehung und Krisenbewältigung mit vielen praktischen Hinweisen und Erfahrungsberichten sind in diesem Buch übersichtlich dargestellt und verständlich erläutert. Ausführlich wird die spirituelle Dimension des Krisengeschehens erläutert und zugänglich gemacht.